T0208715

essentials

essentials liefern aktuelles Wissen in konzentrierter Form. Die Essenz dessen, worauf es als „State-of-the-Art" in der gegenwärtigen Fachdiskussion oder in der Praxis ankommt. *essentials* informieren schnell, unkompliziert und verständlich

- als Einführung in ein aktuelles Thema aus Ihrem Fachgebiet
- als Einstieg in ein für Sie noch unbekanntes Themenfeld
- als Einblick, um zum Thema mitreden zu können

Die Bücher in elektronischer und gedruckter Form bringen das Fachwissen von Springerautor*innen kompakt zur Darstellung. Sie sind besonders für die Nutzung als eBook auf Tablet-PCs, eBook-Readern und Smartphones geeignet. *essentials* sind Wissensbausteine aus den Wirtschafts-, Sozial- und Geisteswissenschaften, aus Technik und Naturwissenschaften sowie aus Medizin, Psychologie und Gesundheitsberufen. Von renommierten Autor*innen aller Springer-Verlagsmarken.

Weitere Bände in der Reihe https://link.springer.com/bookseries/13088

Dominic Lindner

Hybride Arbeitswelt

Empfehlungen für die Arbeit zwischen Home und Office

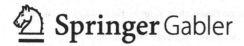

Dominic Lindner
Nürnberg, Deutschland

ISSN 2197-6708   ISSN 2197-6716   (electronic)
essentials
ISBN 978-3-658-37317-7   ISBN 978-3-658-37318-4   (eBook)
https://doi.org/10.1007/978-3-658-37318-4

Die Deutsche Nationalbibliothek verzeichnet diese Publikation in der Deutschen Nationalbibliografie; detaillierte bibliografische Daten sind im Internet über http://dnb.d-nb.de abrufbar.

Planung/lektorat: Ann-Kristin Wiegmann
Springer Gabler ist ein Imprint der eingetragenen Gesellschaft Springer Fachmedien Wiesbaden GmbH und ist ein Teil von Springer Nature.
Die Anschrift der Gesellschaft ist: Abraham-Lincoln-Str. 46, 65189 Wiesbaden, Germany

Was Sie in diesem *essential* finden können

- Grundlagen und Hintergründe zur hybriden Arbeitswelt
- Wissenschaftliche Studien zur hybriden Arbeitswelt
- Empfehlungen für die Arbeit im Homeoffice
- Empfehlungen für die Arbeit im hybriden Office

Vorwort

Seit mittlerweile vier Jahren schreibe ich regelmäßig *essentials* über aktuelle Themen der Arbeitsorganisation. Angefangen hat alles mit meiner Doktorarbeit im Jahr 2016 und dem ersten *essential* „KMU im digitalen Wandel" (2019) mit Erkenntnissen zu Arbeit, Führung und Organisation. Dieses *essential* war im Wesentlichen auf die Arbeit im Unternehmen fokussiert: Wie organisiere ich Büroräume, wie schaffe ich eine Kultur des Vertrauens und des Gelingens im Büro und vor Ort? Auch finden sich darin erste Ausblicke auf die Arbeit im Homeoffice.

Im Zuge der Intensivierung meiner Forschungen untersuchte ich 2020 virtuelle Teams. Mit der zunehmenden Digitalisierung haben sich auch die Möglichkeiten, remote und virtuell zu arbeiten, deutlich weiterentwickelt. Zudem war das Jahr 2020 durch die Covid-19-Pandemie geprägt, womit Fachkräfte, speziell in der Wissensarbeit, gezwungen waren, im Homeoffice zu arbeiten. Ich erinnere mich an ein satirisches Internet-Meme, in dem die Frage gestellt wurde:

Wer treibt die digitale Transformation bei Ihnen im Unternehmen voran?

a) CEO
b) CTO
c) COVID-19

Diese fast ‚ketzerisch' wirkende Frage scheint jedoch die Realität abzubilden. Mit Covid-19 hat die Digitalisierung rasant an Fahrt aufgenommen, sodass Homeoffice in den Unternehmen plötzlich möglich war und auch eine geeignete Hard- und Software angeschafft wurde. Hier schließt mein zweites *essential* zum Thema „Virtuelle Teams und Homeoffice" an mit Empfehlungen zur virtuellen Zusammenarbeit.

Mittlerweile zeigt sich Entspannung im Pandemiegeschehen und wir müssen uns mit der Frage befassen: Wie wird sich unsere Arbeitswelt nach COVID-19 gestalten? Wie immer liegt die Antwort in der Mitte, und zwar zwischen Home und Office. Konkret danach gefragt, wie es weitergehen soll, äußerten zahlreiche Arbeitnehmer*innen: „Zwei bis drei Tage Homeoffice und zwei bis drei Tage Büro wären wirklich super". Schon 2019 haben meine Forschungen ergeben, dass dies die präferierte Arbeitsweise von Fachkräften ist. Vollständige Remote-Arbeit wurde eigentlich nie gewünscht. Daraus ergibt sich der Untertitel des vorliegenden *essentials*: zwischen Home und Office.

Dieser Aspekt soll im Folgenden näher betrachtet werden. Dazu werden die Erkenntnisse aus meinen beiden ersten *essentials* zusammengefasst und durch neue Forschungsergebnisse sowie aktuelle Beispiele, Ratschläge von Experten*innen und eigene Empfehlungen ergänzt. Ziel ist es, mit diesem *essential* eine Brücke zwischen Analog- und Remote-Arbeit zu schlagen. Somit bildet dieses *essential* die Klammer um meine Erkenntnisse aus den vergangenen sechs Jahren und stellt einen umfangreichen Leitfaden zur hybriden Arbeitswelt dar. Untermauert werden die Erläuterungen zur hybriden Arbeitswelt durch Karikaturen, die ich gemeinsam mit der Künstlerin Celine Grunenberg entworfen habe.

Ich selbst denke, dass die Zukunft der Arbeit hybrid sein wird ein gesundes Gleichgewicht zwischen den beiden Arbeitsmodellen das Maß der Dinge sein sollte. Dem steht eigentlich nichts mehr im Wege – denn es sind ausreichend Erkenntnisse aus der Wissenschaft vorhanden und durch die Pandemie ist die Digitalisierung weit genug fortgeschritten. Es gilt nun, zu handeln und die richtigen Hebel in Bewegung zu setzen. Doch welche Hebel sind das und wie sieht diese hybride Arbeitswelt konkret aus? Dazu möchte ich Ihnen in diesem *essential* Antworten liefern!

Nürnberg   Dr. Dominic Lindner
am 01.04.2022

Inhaltsverzeichnis

Einleitung

1

▶ **Definition** Der Begriff Arbeit wird in diesem *essential* definiert als eine *„zielgerichtete, soziale, planmäßige und bewusste, körperliche und geistige Tätigkeit, welche einen Lohn fordert und Teil der Selbstverwirklichung des Menschen ist"* (Gabler, 2021).

Selbstverwirklichung ist charakterisiert durch die Entfaltung der Persönlichkeit und die Entwicklung individueller Fähigkeiten. Gemäß der psychologischen Lehre von Maslow (1943) ist Selbstverwirklichung ein wesentliches Bedürfnis des Menschen. Stellen Sie sich vor: *Sie stehen morgens auf und freuen sich, an Ihrem Arbeitsplatz heute wieder wertschöpfende Tätigkeiten zu vollrichten, die Ihren persönlichen Werten entsprechen!* – eine solche Haltung ist sicherlich für jeden Menschen erstrebenswert.

Dabei entspricht dies nicht der seit jeher vorherrschenden Vorstellung von Arbeit, zumal sich diese im Laufe der Zeit immer wieder verändert hat. Vielmehr war ein langer Weg zurückzulegen, bis Arbeit nicht mehr als Mühsal und Plage, sondern als Ausdruck der Selbstverwirklichung und Möglichkeit zur sozialen Absicherung wahrgenommen werden konnte. Im Folgenden möchte ich die Entwicklung von Arbeit und die damit verbundene Diskussion dieses Themas bis hin zur aktuellen hybriden Arbeitswelt näher erläutern (Abb. 1.1).

Arbeit war, wie bereits erwähnt, nicht immer geprägt von Selbstverwirklichung und Freude. Die frühe klassische Lohnarbeit ist historisch in der Antike zu verorten. Zu dieser Zeit war der Begriff Arbeit negativ behaftet und wurde mit Mühsal, Plage, Last und Not assoziiert. Durch die Lehre der Religionen, wie sie z. B. in der Bibel festgehalten ist, erhielt Arbeit eine erste positive Bestimmung im Hinblick auf Pflichterfüllung und gottgefälliges Tun (Gabler, 2021).

© Der/die Autor(en), exklusiv lizenziert an Springer Fachmedien Wiesbaden GmbH, ein Teil von Springer Nature 2022
D. Lindner, *Hybride Arbeitswelt,* essentials,
https://doi.org/10.1007/978-3-658-37318-4_1

Abb. 1.1 Geschichte der Arbeit bis heute

Lohnarbeit und industrielle Revolution

In den folgenden Jahrhunderten hat sich die Arbeitswelt kaum verändert und war durchweg geprägt von Tagelöhnern und schlechten Arbeitsbedingungen. Anfang des 18. Jahrhunderts, also zu Beginn der Neuzeit, ist zum ersten Mal von einem Arbeitsmarkt die Rede. Dieser ist ab der zweiten Hälfte des 19. Jahrhunderts zunehmend durch die industrielle Revolution geprägt, in deren Folge Fabriken sowie zahlreiche Lohnarbeitsplätze entstanden sind. Angesichts der Existenz von Maschinen entwickelten sich Theorien, nach denen Menschen hauptsächlich als notwendige Arbeitsressourcen zu betrachten waren, die geringstmögliche Kosten verursachen sollten.

Ein bekannter Vertreter einer solchen Lehre ist Winslow Taylor. Nach dem von ihm begründeten Taylorismus wird davon ausgegangen, dass Menschen die Arbeit generell scheuen und sie daher mithilfe von Lohn, kleinteiligen Vorgaben und Kontrolle zur Leistungserbringung bewegt werden müssen (Taylor, 1913). Auch glaubte Taylor, dass Menschen bevorzugt immer die gleiche Arbeit verrichten wollen, da sie dadurch an Geschwindigkeit gewinnen und dieser Effekt Glück erzeugen könne. Es zeigte sich jedoch, dass diese Theorie nicht zutreffend war – wenngleich diese Hypothesen noch weitere fünfzig Jahre Bestand hatten.

Humanisierung der Arbeit und Computerisierung des Arbeitsplatzes

Um 1974 beginnt die sogenannte Humanisierung des Arbeitslebens durch Maßnahmen wie das deutsche Arbeitsschutzgesetz und die Gründung von Gewerkschaften. Weitere wesentliche Aspekte sind die Mitbestimmung in Betrieben durch Arbeitnehmer*innen und Maßnahmen zum Gesundheitsschutz sowie solche zur Vermeidung von Monotonie, z. B. durch Jobration und Methoden zur Motivation.

Um die Jahrtausendwende sind erste neue Konzepte entstanden wie agile Arbeitsmethoden und viele weitere Rahmenwerke. Dies ist unter anderem bedingt durch die Erfindung des Internets und der ersten Computer, die seit 1993 in die Büros Einzug hielten, jedoch noch nicht ausreichend entwickelt und zudem sehr kostenintensiv waren. Dennoch wurden erste Arbeitsplätze mit Computern eingerichtet. Besonders in der Wissenschaft wurde weiterführend untersucht, wie die intrinsische

Motivation am Arbeitsplatz (innere Motivation) gefördert werden kann. In diesem Kontext wurde das Konzept von Taylor deutlich kritisiert und zunehmend widerlegt.

Ursprung der Wissensarbeit
Im Zuge der Einführung weiterer Computerarbeitsplätze boomt um das Jahr 2000 der Begriff der Wissensarbeit. „Wissensarbeit *steht für eine problemlösende, geistige Tätigkeit, die schwer automatisierbar ist, da der Lösungsweg ganz oder teilweise unbekannt ist.*" (Dirbach, 2011) Laut Fraunhofer Institut (2018) sind als Beispiele für Wissensarbeit die Tätigkeiten von IT-Spezialist*innen, Ärzt*innen, Architekt*innen, Sachverständigen, Berater*innen, Expert*innen, Gutachter*innen, Planer*innen oder anderen Spezialist*innen zu nennen.

Diese Wissensarbeiter*innen sind häufig hoch qualifiziert, haben eine besondere wissenschaftliche bzw. akademische Ausbildung und nehmen eine Expert*innenrolle in ihrem Fachgebiet ein. Sie bearbeiten häufig Aufgabenstellungen zur Lösung komplexer Probleme und neuartiger Fragestellungen, wobei die Lösungswege zum Zeitpunkt der Beauftragung nicht klar sind (Fraunhofer Institut, 2018).

Agile Methoden und das Future-Office
Kurz nach der Jahrtausendwende hielten agile Methoden wie Scrum und Kanban Einzug in Unternehmen. Deren Ziel war eine bessere Strukturierung der Wissensarbeit sowie die Förderung von Kreativität, Innovation und Geschwindigkeit. Laut dem Status-Quo-Report zu Agilität (Komus) aus dem Jahr 2020 werden in den befragten knapp 700 Unternehmen 20 % der Projekte durchgängig agil und 71 % hybrid durchgeführt, wobei letzteres eine Kombination aus klassischen und agilen Methoden darstellt.

Das bedeutet konkret: Agile Elemente wie Daily und Retrospektiven werden beispielsweise in klassische Projektmethoden integriert. Generell sind agile Methoden in der IT immer noch zentral vorherrschend, jedoch werden hybride Methoden (Elemente von Scrum) laut der Befragung in 40 % der IT-nahen Projekte und in einem Drittel der Projekte ohne IT-Bezug angewendet.

Auch neue Berufsbilder wie Scrum Master und Product Owner wurden vermehrt zertifiziert und besetzt. Allein auf der Plattform Stepstone.de finden sich aktuell (01/2022) über 1000 offene Stellen als Scrum Master (m/w/d) und über 2000 als Product Owner (m/w/d).

Im Zusammenhang mit der Nutzung agiler Methoden hat sich auch die Diskussion um das Future-Office etabliert. Gemeint ist die Anpassung von Arbeitsumgebungen an agile Methoden. Unternehmen haben bestehende Büroflächen

renoviert oder neue Gebäude errichtet und diese mit flexiblen Möbeln und Raumkon-
zepten zur teamorientierten Arbeit ausgestattet. Diese neuen Bürokonzepte sollen
in Abschn. 4.2 näher erläutert werden, denn sie sind Teil der neuen hybriden
Arbeitswelt.

Digitale Transformation und New Work
Seit 2010 und verstärkt seit 2015 haben Unternehmen die entsprechenden Technologien adaptiert. Dieser Trend wird als digitale Transformation bezeichnet. Im
Zuge der Neuanschaffung von mobiler Hard- und Software in Unternehmen wur-
den Modelle für digitale Arbeit gefördert. Digitale Arbeit ist ein Sammelbegriff für
die orts- und zeitflexible Arbeit von unterwegs oder von Zuhause aus, wobei im
Wesentlichen über Technologie kommuniziert wird (Lindner et al., 2018).
    Digitale Arbeitsmodelle umfassen damit u. a. die Arbeit von Zuhause aus (Home-
office), die mobile Arbeit an einem beliebigen Ort und die Zusammenarbeit mit
Menschen überall auf der Welt – sei es aus dem Büro oder aus dem Homeoffice.
Damit wurden Arbeitsformen wie Gleitzeit und Vertrauensarbeitszeit deutlich popu-
lärer, nach dem Motto: *Wird der Ort der Arbeit flexibel gewählt, so müssen auch
die Arbeitszeiten flexibler gestaltet werden.* Auch der Trendbegriff New Work ist
charakterisiert durch die Vision: „Arbeite wann, wo und mit wem du willst."

Covid-19-Pandemie
Im Rahmen der Sicherheitsmaßnahmen bedingt durch die Covid-19-Pandemie
erhielten zahlreiche Mitarbeiter*innen von deutschen Unternehmen die Möglichkeit, von Zuhause aus zu arbeiten. Ausgehend von dieser Erfahrung plante
der damalige Bundesarbeitsminister Hubertus Heil (SPD; vgl. Zeit, 2020) sogar,
das Recht auf Arbeit von Zuhause aus gesetzlich zu verankern. Derzeit werden
entsprechende Gesetzentwürfe noch diskutiert. Laut einer Studie der Hans-Böckler-
Stiftung (2021) waren vor der Pandemie ca. 4 % der Arbeitnehmer*innen regelmäßig
im Homeoffice; während des ersten Lockdowns stieg diese Zahl auf 27 %, der zweite
Lockdown brachte 14 % und der dritte Lockdown wieder 24 % an den heimischen
Schreibtisch. Expert*innen gehen davon aus, dass nach der Pandemie der Anteil der
im Homeoffice Tätigen auf 15 % zurückgehen wird (Abb. 1.2).
    Begründen lässt sich der vermutete Rückgang des Anteils der Fachkräfte im
Homeoffice damit, dass die Arbeit im Homeoffice und in virtuellen Teams entweder nicht üblich (Weigerung der Geschäftsführung) ist oder nicht umsetzbar war
(technische Voraussetzungen). So sind nach einer Befragung von 1000 Angestellten
durch den Bundesverband Digitale Wirtschaft (2020) über 45 % der Unternehmen
nicht bereit, Homeoffice anzubieten. Als Gründe wurden zu diesem Zeitpunkt vor
allem technische Hürden angegeben.

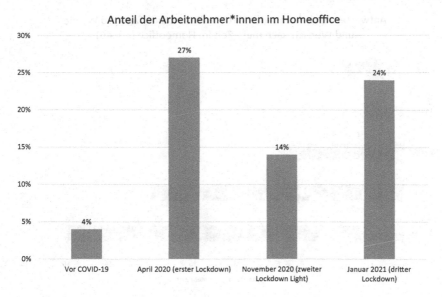

Abb. 1.2 Anteil der Arbeitnehmer*innen im Homeoffice. (Daten: Hans Böckler Stiftung, 2021, eigene Abbildung)

In den Unternehmen haben sich die Ausgaben für Technologie angesichts der Pandemie deutlich erhöht. So gaben laut einer Studie von IDC (2020) knapp 30 % der befragten Unternehmen an, die Ausgaben für Technologie um 20 % steigern zu wollen. Weitere 22 % ließen die Ausgaben unverändert und 40 % reduzierten ihre Investitionen aufgrund von Umsatzrückgang und Kurzarbeit um 10 %. Dennoch wurde flächendeckend eine höhere Geschwindigkeit bei der Einführung von Technologie in Unternehmen beobachtet.

Hybride Arbeitswelt
Die hybride Arbeitswelt ist in diesem *essential* definiert *als eine Kombination aus klassischen und virtuellen Arbeitsmodellen, die eine höhere Flexibilität hinsichtlich Arbeitsort und Arbeitszeit ermöglichen.* Diese Flexibilisierung wirkt sich sowohl auf die Ausgestaltung der Arbeit im klassischen Büro oder in der eigenen Wohnung (Homeoffice) aus als auch auf die generelle Art der Arbeit. Betroffen sind größtenteils wissensintensive Berufsfelder wie jene von IT-Programmierer*innen oder Projektmanager*innen sowie zahlreiche weitere Bildschirmarbeitsplätze.

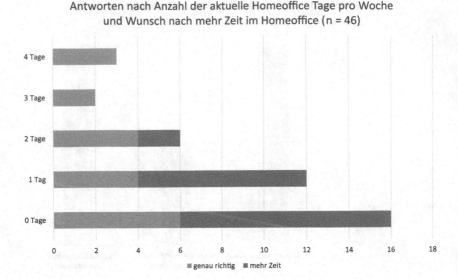

Antworten nach Anzahl der aktuelle Homeoffice Tage pro Woche
und Wunsch nach mehr Zeit im Homeoffice (n = 46)

Abb. 1.3 Anzahl der aktuellen Homeoffice-Tage und Wunsch nach mehr Zeit im Homeoffice in Deutschland. (Lindner & Niebler, 2018)

Generell wurde die Etablierung der hybriden Arbeitswelt durch die Covid-19-Pandemie deutlich beschleunigt. Dabei hat sich in einem ersten Schritt vor der Pandemie bereits die Arbeit vor Ort in den Büros verändert, doch erst durch die pandemiebedingten Maßnahmen sind die Möglichkeiten, virtuell zu arbeiten, entscheidend befördert worden.

Schon vor der Pandemie wurde deutlich, dass virtuelle Arbeit und Homeoffice von vielen Mitarbeiter*innen gewünscht ist, allerdings nicht ausschließlich. Als praktikabel galt: Zwei bis drei Tage Homeoffice und zwei bis drei Tage im Büro. In Abb. 1.3 zeigt eine Befragung aus dem Jahr 2018, dass bereits zu diesem Zeitpunkt Mitarbeiter*innen, die drei bis vier Tage im Homeoffice waren, keine zusätzlichen virtuellen Tage wünschten, sondern für den Rest der Woche im Büro arbeiten wollten. Durch aktuelle Studien, die in Kap. 2 vorgestellt werden, lassen sich diese Ergebnisse bestätigen.

Insgesamt soll in der hybriden Arbeitswelt nun eine neue ‚goldene Mitte' zwischen einerseits der Arbeit im Büro und andererseits der Arbeit von Zuhause (oder von Unterwegs) gefunden werden. Die Ausgestaltung dieser hybriden Arbeitswelt ist der Schwerpunkt dieses *essentials*. Ich wünsche Ihnen nun viel Freude beim Einstieg in das Thema hybride Arbeitswelt!

Wissenschaftliche Erkenntnisse 2

Eine der entscheidenden Fragen für die kommenden Jahre betrifft die Art, wie wir arbeiten werden. Ich möchte in diesem Kapitel die Ergebnisse von wissenschaftlich fundierten Studien bedeutender Institute kompakt zusammenfassen und die relevanten Ergebnisse für Sie interpretieren.

Die Interpretationen sollen einen Einblick in den aktuellen Stand der hybriden Arbeitswelt vermitteln und für dieses *essential* die Grundlagen vermitteln. Dabei werde ich, wie bereits erwähnt, aus jeder Studie nur die wesentlichen Erkenntnisse zusammenfassen. Sicherlich gibt es noch weitere einschlägige Untersuchungen, jedoch glaube ich, dass die ausgewählten ausreichend sind, um die Basis für ein umfassendes Verständnis zu bilden. Ergänzt werden diese Angaben durch Studienergebnisse zur Zukunft der Arbeit, zur Ausgestaltung und Umsetzung hybrider Arbeitswelten sowie zu Hürden/Risiken und der Arbeit in Teams.

2.1 (Hybride) Zukunft der Arbeit

Im Jahr 2020 wurde jeweils eine Studie durch die IHK und das IDC Institut durchgeführt, bei denen Expert*innen aus Deutschland zur Zukunft der Arbeit befragt wurden. Die Befragten sollten eine Einschätzung dazu abgeben, wie die Arbeitswelt nach Covid-19 aussehen könnte. Die Ergebnisse beider Studien lauten wie folgt:

- Die Arbeit wird sich nicht verändern (IDC 20 %, IHK 24 %).
- Die Arbeit wird sich verändern, aber ohne konkrete Vorstellung (IDC 32 %, IHK 4,2 %).
- Die Arbeit wird hybrid (IDC 36 %, IHK 47,4 %).
- Die Arbeit wird komplett virtuell (IDC 11 %, IHK 23 %).

© Der/die Autor(en), exklusiv lizenziert an Springer Fachmedien Wiesbaden GmbH, ein Teil von Springer Nature 2022
D. Lindner, *Hybride Arbeitswelt,* essentials,
https://doi.org/10.1007/978-3-658-37318-4_2

Nach beiden Studien geht eine Mehrheit der befragten Entscheider*innen davon aus, dass ein hybrides Arbeitsmodell dominieren wird. Lediglich 20–24 % glauben an eine Rückkehr zur klassischen Präsenzkultur in der Arbeit. Unterschiede zeigen sich hinsichtlich der Ausgestaltung der hybriden Arbeit – hier sind in der IDC-Studie deutlich mehr Expert*innen noch unsicher. Auch ein komplett virtuelles Arbeiten ist für beide Gruppen von Studienteilnehmer*innen eine Option bei der Ausgestaltung der Zukunft der Arbeit. Doch wie kann diese hybride Arbeitswelt konkret aussehen?

2.2   Ausgestaltung von hybriden Arbeitswelten

Die konkrete Ausgestaltung der hybriden Arbeitswelt ist komplex und vielseitig. Aus diesem Grund werden in diesem Unterkapitel zwei Studien kurz vorgestellt und die wesentlichen Ergebnisse erläutert.

Die erste gewählte Studie ist der New Work Trend Index von Microsoft (2021), für den über 30 000 Menschen in 31 Ländern befragt sowie Daten aus Teams-Nutzung und von LinkedIn ausgewertet wurden. Daneben wird beim Fraunhofer Institut (2021) schon lange zur Ausgestaltung von neuen Arbeitswelten geforscht. Hierzu werden regelmäßig Expert*innen befragt. In diesem Kontext ist erst kürzlich die Frage: „Wie müssen eigentlich Büros konzipiert sein, wenn ein Teil der Belegschaft regelmäßig zu Hause arbeitet?" mit 100 Expert*innen evaluiert worden.

► **Merkbox** Drei Viertel der befragten Fachkräfte wollen auch in Zukunft virtuell arbeiten. Dennoch ist von zwei Dritteln der Befragten auch eine Rückkehr ins Büro gewünscht. Laut Microsoft-Studie bereiten außerdem über zwei Drittel der Führungskräfte das Unternehmen auf hybride Arbeitsmodelle vor (Microsoft, 2021).

Auch durch die Fraunhofer-Studie wird bestätigt, dass das Büro wieder an Bedeutung gewinnen wird und Arbeitnehmer*innen zunehmend auch dort arbeiten wollen. Hier zeigt sich der Mensch als soziales Wesen, das den Austausch an Orten wie dem Büro benötigt. Dabei kommt es laut der Studie vor allem auf die spontanen Begegnungen an (bspw. in der Kaffeeküche). Auch aus der Microsoft-Studie geht hervor, dass Unternehmen in die Büroräume und in Technik investieren wollen. Das Büro wird so zu einem Ort des Austauschs, der Zusammenarbeit, des zwanglosen Sozialisierens und des Netzwerkens.

Der Fraunhofer-Studie ist weiterhin zu entnehmen, dass Homeoffice für die konzentrierte Einzelarbeit sowie zum Durchführen von (Video-)Telefonaten deutlich besser geeignet zu sein scheint als das Büro. Auch in der Microsoft-Studie bestätigt sich, dass die Mehrheit der befragten Fachkräfte zwei bis drei Tage konzentrierte Arbeit von Zuhause aus bevorzugt und Meeting-Tage im Büro zur Teamarbeit absolviert werden sollen.

Dabei ist eine solche Teilung von Home und Office nicht einfach realisierbar. Die Umsetzung der hybriden Arbeitswelt im Büro ist an unterschiedliche Voraussetzungen geknüpft, die sich sowohl auf die Ausstattung der Arbeitsumgebung als auch auf äußere Störeffekte oder persönliche Präferenzen beziehen. Diese lassen sich laut Fraunhofer-Studie wie folgt zusammenfassen:

- Arbeitgeber müssen eine Umgebung schaffen, für die es sich lohnt, den Arbeitsweg in Kauf zu nehmen.
- Es müssen zum einen Rückzugsräume für hochproduktives und fokussiertes Arbeiten vorhanden sein, aber auch hybride und großzügig geschnittene Besprechungs- und Projekträume.
- Auch die offenen und loungeähnlichen Begegnungsorte und Erlebnisangebote dürfen dabei nicht zu kurz kommen, da das Büro in Zukunft als eine Art Anker für soziales Zusammenkommen und Ideengeber fungieren wird.

▶ **Merkbox** Generell sollen Büros zu Orten der Zusammenarbeit und des Austauschs werden, so die Studie. Hierzu sind Investitionen in Räume, Möbel und Technik notwendig. Ziel soll die Förderung von Netzwerken, Arbeit an Ideen und zwangsloses Plaudern sein, wobei auch Rückzugsorte für konzentrierte Arbeit vorhanden sein müssen (Microsoft, 2021).

In der Studie des Fraunhofer Instituts wird ein solcher hybrider Arbeitstag in folgendem Szenario beschrieben:

„Für meine Arbeit an einem Artikel zur Büroumgebung der Zukunft nutze ich die für mich produktive Zeit am Vormittag und arbeite dafür in der Umgebung, in der ich mich konzentrieren kann und ungestört bin. Kurz vor der Mittagspause bin ich mit meinem Ergebnis zufrieden, hole mir noch einen Kaffee und treffe auf dem Weg dorthin eine Arbeitskollegin, mit der ich mich zum Mittagessen verabrede. Ich erzähle ihr von meinem zufriedenstellenden Ergebnis des Vormittags und sie gibt mir noch einen wichtigen Impuls, den ich direkt beim Zurückkehren an den Arbeitsplatz in den Artikel mit aufnehme. Nach der Mittagspause habe ich zwei Videotelefonate, die ich in einer dafür vorgesehenen Zone ausführe, um meine Arbeitskolleg*innen, die ihre

produktive Phase am Nachmittag haben, nicht zu stören. Bei einem letzten Gang zur Kaffeemaschine am Nachmittag höre ich zufällig zwei Arbeitskollegen, die gerade an der Projektwand ein Brainstorming durchführen. Ein kleiner, aber doch sehr wichtiger Gedanke kommt mir spontan in den Sinn, ich schreibe ihn auf einen Post-It und hänge ihn dazu. " (Textauszug aus der Fraunhofer Studie, 2021)

2.3   Arbeitsplätze in hybriden Arbeitswelten

In einer Studie von Deloitte (2020) ist die konkrete Ausgestaltung und die Einrichtung von hybriden Arbeitsplätzen untersucht worden. Dafür wurden über 1000 Wissensarbeiter*innen befragt. Hinsichtlich der Ausgestaltung des Büroarbeitsplatzes bevorzugt die Mehrheit der befragten Fachkräfte:

- einen festen Arbeitsplatz im Mehrpersonenbüro (2–4 Personen);
- nur bedingt eine flexible Platzwahl;
- Einzelbüros für konzentrierte Arbeit;
- Openspace-Flächen mit bis zu fünf Arbeitsplätzen für Teamarbeit und
- kein Shared Office mit anderen Unternehmen.

Aktuell halten 80 % der Befragten die Ausstattung des eigenen Arbeitsplatzes im Büro für ausreichend. Dennoch gibt jede*r zweite Befragte an, dass die Produktivität durch Lärm beeinträchtigt würde oder der Austausch im Büro durch fehlende Open-Space-Flächen eher gering sei. Dabei arbeitet aktuell nur die Hälfte der Befragten in einem Umfeld mit modernen Arbeitsplatzkonzepten.

Die Anforderungen an das Büro sind in diesem Kontext ebenfalls untersucht worden. Im Wesentlichen sind hier zu nennen:

- gute Konzentrationsmöglichkeiten
- individuelle Räume
- gute Erreichbarkeit
- Qualität der Möbel
- Parkmöglichkeiten
- Ausstauschecken (z. B. Kaffeenischen)
- Privatsphäre
- ausreichende Besprechungsräume
- Pausenbereich

Der zweite Hauptaspekt der Studie betrifft die technische Ausstattung zur virtuellen Zusammenarbeit auch im Büro. Nur knapp über 10 % der Befragten sind mit der aktuellen Ausstattung zufrieden. Die wesentlichen technischen Voraussetzungen sind:

- Ausstattung mit Laptops
- mobiles Internet und Smartphone
- Online-Zugriff auf Unternehmensdaten
- Chat/Instant-Messages
- Videokonferenz-Lösung
- Dokumentenmanagement
- Enterprise Social Media

Nur knapp die Hälfte der befragten Fachkräfte verfügt über Laptops und Smartphones sowie über den uneingeschränkten Zugriff auf alle Dokumente des Unternehmens. Noch weniger verfügbar waren Enterprise Social Media und Dokumentenmanagement-Systeme.

2.4 Datenschutz und Hindernisse in Bezug auf hybride Arbeitswelten

Eine Studie von Entrust (2021) ist den Herausforderungen an hybride Arbeitsmodelle gewidmet. Dafür wurden 1500 Mitarbeitende von Unternehmen aus Europa zu den aktuellen Arbeitsbedingungen befragt. Über 80 % der Befragten sind bereits in einem hybriden Modell tätig und können mit einem gültigen Gesundheitsnachweis (3G) die Büroräume wieder nutzen. Besondere Herausforderungen sind laut der Studie:

- Knapp über die Hälfte der Studienteilnehmer*innen berichtet von erheblichen Produktivitätseinbußen durch unzureichende Technologie.
- Weiterhin gibt es Bedenken hinsichtlich der Sicherheit von Heimnetzwerken aufgrund des möglichen Verlustes sensibler Unternehmensdaten.
- Durch die Vielzahl an Vor-Ort-Workshops (nach Covid-19) nach der Remote-Arbeit gibt es Bedenken zur Sicherheit von Büroräumen. Maßnahmen sind eine klare Erfassung und eine Kontrolle des Besucherverkehrs.
- Weiterhin sehen die Befragten Änderungsbedarf hinsichtlich der bestehenden Datenschutzkonzepte und nötigen Schulungsaufwand für die Mitarbeitenden. Das betrifft Einmalpasswörter, mobile Identitätsprüfungen und die biometrische Authentifizierung.

Abb. 2.1 Zunahme an Meetings, E-Mails, Chats und Nachrichten. (Quelle Microsoft, 2021, eigene Abbildung)

Ergänzend zu den Ergebnissen zeigt der New Work Trend Index von Microsoft (2021), dass sich knapp jeder fünfte Mitarbeitende aktuell erschöpft fühlt. Das gilt vor allem für Berufsanfänger*innen. Zudem hatten Mitarbeiter*innen ohne Führungsverantwortung deutlich mehr Probleme als Führungskräfte. Als Gründe wurden die Überforderung durch die Arbeitslast sowie die Unsicherheit in der Arbeitsausführung z. B. durch fehlende Prozesse genannt. Mehr als 54 % empfinden die Arbeit im Homeoffice als *belastend* und gehen davon aus, dass durch den fehlenden Austausch sogenannte Silos (Fokussierung auf die Abteilung/das Team) deutlich gefördert wurden. Hier sind vor allem die Unternehmen gefordert, Modelle zum Abbau von Silos sowie zum Schutz der Arbeitnehmer*innen zu schaffen.

Für die Unternehmen gilt es zudem, die Arbeitslast zu verringern und durch hybride Konzepte auch Meetingzeiten und die Zahl digitaler Nachrichten zu minimieren. Abb. 2.1 zeigt die Zunahme an E-Mails, Meetings, Chat-Nachrichten und Dokumenten seit dem ersten Lockdown durch Covid-19. Hier kann durch neue hybride Konzepte gegengesteuert werden, um eine Entlastung der Arbeitnehmer*innen zu bewirken.

2.5 Teamzusammensetzung und persönlicher Kontakt in hybriden Arbeitswelten

In meinen Forschungen untersuche ich seit 2019 virtuelle Teams. In Anbetracht von Covid-19 stellen sich hier folgende Fragen:

- Warum war die Remote-Produktivität in manchen Unternehmen während der Covid-19-Pandemie besonders hoch und in anderen nicht (Teamzusammensetzung)?
- Wie viel persönlichen Kontakt benötigen Teams in der hybriden Arbeitswelt noch und, wenn ja, warum?

Um diese beiden Fragen zu beantworten, habe ich verschiedene wissenschaftliche Studien konsultiert und nach Erklärungen gesucht. Generell wird in der Wissenschaft zwischen homogenen und heterogenen Teams unterschieden.

▶ **Merkbox** Homogene Teams bestehen meist aus ähnlichen Typen von Menschen mit vergleichbaren Interessen und kulturellen Hintergründen. In heterogenen Teams arbeiten oft Experten*innen aus verschiedenen Feldern zusammen, die sich in mehrerer Hinsicht deutlich unterscheiden. In homogenen Teams treten in der Regel weniger Konflikte auf, sie sind aber aufgrund der geringen Vielfalt weniger kreativ. In heterogenen Teams sind durch die dort vertretene Vielfalt mehr Kreativität und Innovation möglich, sie gelten jedoch als instabil und anfälliger für Konflikte (Wiendieck, 1992).

Unter den großen Schwerpunkt Diversity werden in vielen Studien heterogene Teams bevorzugt, zumal es für die Unternehmen von Bedeutung ist, Gleichheit sowie Diversity zu fördern. So hat beispielsweise eine Studie von McKinsey, für die über 1000 Unternehmen untersucht wurden, ergeben, dass Teams mit hoher Gender-Diversity eine um 25 % größere Wahrscheinlichkeit aufweisen, überdurchschnittlich profitabel zu sein. Dagegen geht aus einer Studie von Räcke (2020) hervor, dass in den untersuchten über 100 Teams kein signifikanter Unterschied in der Produktivität der jeweiligen Teamarten besteht. Von größerer Relevanz sind ein geeignetes Arbeitsumfeld, der passende Einsatz der Teams sowie Respekt und Wertschätzung gegenüber dem menschlichen Individuum. Doch wie kann in beiden Teamarten eine solche Form der Produktivität geschaffen werden?

In einer kürzlich erschienenen Keynote präsentierte Sven Laumer, Professor an der FAU Erlangen-Nürnberg, Zwischenstände zu einer aktuellen Forschung. Seine Hypothesen, die er mit empirischen Daten belegt, lauten wie folgt:

- Homogene Teams sind ohne Offlinekontakt produktiver, heterogene Teams dagegen mit Offlinekontakt.
- Neue Teams und neue Projekte profitieren am meisten von Offline-Kontakten, bestehende Projekte und Teams dagegen kaum.

Was kann im Rahmen des *essentials* aus diesen Erkenntnissen und Hypothesen abgeleitet werden? Im ersten Schritt möchte ich Frage 1 beantworten:

Warum war die Remote-Produktivität in manchen Unternehmen während der COVID-19 Pandemie besonders hoch und in anderen nicht (Teamzusammensetzung)?

Ich glaube, dass eine besonders hohe Produktivität einerseits bei homogenen Teams mit standardisierten sowie bekannten Arbeitsaufgaben und andererseits bei bestehenden Projekten mit bekannten Mitarbeitenden einfach beibehalten werden konnte. Das Team verteilt morgens die Arbeit und bis abends ist diese erledigt. Da die Teamzusammensetzung homogen ist, treten kaum Streitigkeiten oder Konflikte auf. Auch bei bekannten Projekten mit teilweise heterogenen Teams und früherem Offlinekontakt wurde die bisherige Arbeitsweise fortgeführt.

Kreative Arbeit gelingt oftmals in stereotypischen heterogenen Teams deutlich besser, wie auch aus der McKinsey-Studie hervorgeht. Gerade der konstruktive Disput kann zu Innovationen und verstärkter Kreativität führen. Für die Produktivität dieser Teams sind jedoch Treffen im realen Leben wesentlich und während der Pandemie war es nicht möglich, solche heterogenen Teams aufzubauen. Der Grund wird im Folgenden noch genauer erläutert.

▶ **Merkbox** Während des Lockdowns aufgrund von Covid-19 wurde vor allem standardisierte Arbeit in homogenen Teams oder in bekannten heterogenen Projektteams ausgeführt. Durch Abarbeiten anstelle von Innovation konnte die Produktivität erhöht werden, jedoch auf Kosten des Innovationspotenzials. Die kreative Arbeit wurde durch fehlende Offlinekontakte und -Workshops deutlich erschwert.

Wie viel persönlichen Kontakt brauchen Teams in der hybriden Arbeitswelt noch und, wenn ja, warum?

Für die Beantwortung der zweiten Frage gilt es zu verstehen: Was können wir aus den Erfahrungen mit der Pandemie lernen? Wie viel persönlicher Kontakt ist notwendig? Generell basiert die Zusammenarbeit zwischen Menschen immer auf Vertrauen. Doch welches Vertrauen ist genau nötig und gibt es nur eine Art davon? Einer älteren, doch nach wie vor gültigen Studie von Swan et al. (1988) ist zu entnehmen, dass es zwei Arten von Vertrauen gibt.

Mit dem Kontakt über Zoom ohne reales Treffen kann sogenanntes kognitives Vertrauen geschaffen werden. Laut Swan et al. (1988) entsteht kognitives Vertrauen durch Zusammenarbeit und stützt sich damit auf der Zuverlässigkeit sowie Kompetenz der anderen Person. Diese Art des Vertrauens ist für die Standardarbeit in homogenen Teams ausreichend. Für eine kreative Arbeit wird laut der Studie von Swan et al. (1988) affektives (oder auch emotionales) Vertrauen benötigt, das fast ausschließlich durch den Offlinekontakt entstehen kann. Laut Swan et al. (1988) zeigt sich emotionales Vertrauen in gegenseitigem Interesse oder sogar Fürsorge für andere Mitarbeitende. Dadurch können dann auch Innovationen gefördert werden.

▶ **Merkbox** Für die hybride Arbeitswelt empfiehlt es sich, bei heterogenen Teams und neuen Projekten (Kickoffs) besonders häufig den Offlinekontakt im Büro zu suchen. Auch sollten sich heterogene Teams weiterhin regelmäßig im Büro treffen, bis ein affektives Vertrauen vorhanden ist, während homogene und einander bekannte Projektteams auch längere Zeit ohne Offlinekontakt produktiv arbeiten können.

2.6 Fazit

In diesem Kapitel wurden die Ergebnisse aus verschiedenen wissenschaftlichen Studien zur hybriden Arbeit zusammengefasst. Zu jeder Studie wurden die wesentlichen Erkenntnisse erläutert und in den Kontext des Schwerpunkts dieses *essentials* gesetzt. Festzuhalten ist hier kurz und knapp:

- **Zukunft der Arbeit:** Circa 80 % aller Expert*innen sind sich einig, dass die Zukunft der Arbeit hybrid sein wird, was eine Mischung aus Büroarbeit und Homeoffice bedeutet.
- **Ausgestaltung von hybriden Arbeitswelten:** Fachkräfte werden ca. 50 % der Zeit im Homeoffice verbringen. Das Büro soll hierbei ein Ort des Austausches werden und verschiedene Möglichkeiten zur kreativen Teamarbeit bieten.
- **Einrichtung von hybriden Arbeitsplätzen:** Gewünscht sind neue Arbeitskonzepte in Mehrpersonenbüros sowie ausreichende Meetingmöglichkeiten für einen konstruktiven Austausch im Büro. Auch technisch einwandfreie Hard- und Software sollte für jeden Mitarbeitenden vorhanden sein.
- **Datenschutz und Hindernisse:** Nennenswerte Sicherheitsbedenken bestehen in Bezug auf Homeoffice-Arbeitsplätze sowie hinsichtlich der Zutrittskontrolle im Büro.

- **Teamzusammensetzung:** Homogene Teams können bei standardisierter Arbeit erfolgreicher sein, heterogene Teams benötigen dagegen ausreichenden Offlinekontakt für die kreative Arbeit.

Die Studienergebnisse deuten darauf hin, dass die hybride Arbeitswelt kommen wird und die Fachkräfte durchaus offen sind für die Arbeit zwischen Home und Office. Somit gilt es, die Erkenntnisse aus den Studien für das eigene Unternehmen zu adaptieren und entsprechende Maßnahmen sinnvoll umzusetzen. Der Grundstein dafür kann mit einem konstruktiven Change-Prozess gelegt werden, der im nächsten Kapitel thematisiert wird.

Der Weg zum hybriden Office 3

Eine hybride Arbeitswelt entsteht nicht von allein, sondern erfordert einen strukturierten Veränderungsprozess im Unternehmen. Doch wie kann dieser ausgestaltet sein? Bevor ich auf die Umsetzung der hybriden Arbeitswelt eingehe, möchte ich in diesem Kapitel erläutern, wie Veränderung in einem Unternehmen erzeugt und das Unternehmen auch mit diesem Wissen dauerhaft wandlungsfähig gehalten werden kann.

▶ **Merkbox** Da noch nicht festgelegt werden kann, wie die hybride Arbeitswelt schlussendlich aussehen wird, werden Sie eine Reihe weiterer Veränderungen im Unternehmen vornehmen müssen. Schaffen Sie deswegen Flexibilität: Damit können Sie das Unternehmen leichter neu strukturieren, um Kundenanforderungen noch effizienter erfüllen zu können.

Die hybride Arbeitswelt erfordert ein wandlungsfähiges Unternehmen – doch wie kann das erreicht werden? Dazu möchte ich Ihnen im ersten Schritt erzählen, wie sich das Change-Management in Unternehmen seit Covid-19 verändert hat. Anschließend werden die Grundlagen des Change-Managements erläutert. Informationen zur Etablierung eines internen Projektmanagements zur Umsetzung der Veränderungen werden das Kapitel abrunden.

3.1   Von Covid-19 zur hybriden Arbeitswelt

Es gibt immer einen richtigen Zeitpunkt für jede Art der Innovation und der Veränderung. Beispielsweise erlebten Motorroller erst 100 Jahre nach ihrer Erfindung einen Boom und Smartphones erst mit Einführung des iPhones wirkliche Akzeptanz. Ähnlich verhält es sich mit der hybriden Arbeitswelt. Dazu möchte ich Ihnen meine Geschichte erzählen, die 2015 beginnt.

▶   **Merkbox** In den folgenden Abbildungen werden Situationen dargestellt, die nicht auf alle Unternehmen zutreffen. Sie haben keinen konkreten Bezug, sondern dienen dazu, auf satirische Weise den Weg zur hybriden Arbeitswelt nachzuzeichnen.

Schon 2015 wollte ich erste Arbeiten im Homeoffice erledigen, doch war schwer, einen entsprechenden Arbeitgeber zu finden. Ich hatte mit Vorurteilen zu kämpfen wie: „Ja, da arbeitet man ja nichts" und „Wie soll ich das dann kontrollieren?". Dabei war ich aus dem Studium gewohnt, auch Zuhause zu lernen und während meiner Start-up-Zeit im Studium sogar Vollzeit aus dem Homeoffice zu arbeiten (Abb. 3.1). Ich denke, dass viele dieser Vorurteile nach der Pandemie ausgeräumt worden sind.

Dennoch war die Arbeit im Homeoffice zunächst nicht einfach. Die Kommunikation mit den Teams war ohne ausreichende Technologie nahezu unmöglich. Entweder fehlten geeignete Softwaretools oder es bestand die Ansicht: *„Der/die ist ja im Homeoffice – die/den erreichen wir heute nicht".* Auch hier hat sich

Abb. 3.1 Homeoffice war früher noch mit Vorurteilen behaftet und ist heute ein ‚new normal'

Abb. 3.2 Virtuelle Arbeit war früher sehr anstrengend und man war vom Büro abgeschnitten

jedoch schon vor der Pandemie in einigen Unternehmen ein Wandel hin zu einer hybriden Arbeit zwischen Home und Office abgezeichnet (Abb. 3.2).

Was waren die Gründe dafür, dass virtuelle Arbeit unabhängig vom Büro nicht gut funktioniert hat? Entweder waren die Prozesse wenig konsequent digitalisiert worden oder es wurden Aktenordner benötigt, die nur im Büro zugänglich waren. Auch fehlte es an allen Ecken und Enden an Unterstützung durch eine geeignete Software! Seit der Pandemie wurde jedoch bereits umfassend in das ‚papierlose Büro' investiert (Abb. 3.3).

Dennoch musste ich feststellen, dass viele Manager*innen nicht bereit waren für wesentliche Veränderungen im Zuge der Einführung von virtueller Arbeit. Als Begründung wurde oftmals der Satz aus Abb. 3.4 angeführt: *„Nein, das haben wir*

Abb. 3.3 Besonders schwer war die wenig konsequente Digitalisierung für Fachkräfte, was sich seit der Pandemie deutlich verbessert hat

Abb. 3.4 Tradition und historisch gewachsene Unternehmensprozesse machen Veränderung schwer – durch die Notlage der Pandemie wurde eine neue Offenheit geschaffen

schon immer so gemacht! Das ist historisch gewachsen." Erst seit der offensichtlichen Problematik angesichts der Pandemie und der mittlerweile gewachsenen Akzeptanz für virtuelle Arbeit besteht eine Offenheit für Veränderung.

Als weiterer Blocker hat sich wiederholt die fehlende IT-Strategie in den Unternehmen erwiesen. Vielfach wurde nach einer Kosten-Nutzen-Rechnung gefragt und je nach Redegewandtheit und Charisma des Antragstellenden wurden einzelne Maßnahmen umgesetzt oder auch nicht. Somit bestand eine hohe Subjektivität bei Auswahl von Maßnahmen zur virtuellen Arbeit. Erst seitdem Top-Entscheider*innen selbst im Homeoffice sind und selbst die Schmerzen der Teildigitalisierung spüren, besteht eine Offenheit für ein ganzheitliches Konzept hinsichtlich des digitalen Arbeitsplatzes (Abb. 3.5).

Abb. 3.5 Die Bereitschaft zur Investition in Technologie ohne ausreichende Kosten-Nutzen-Rechnung ist seit der Pandemie gewachsen

▶ **Merkbox** Ich denke, dass sich seit der Pandemie viel verändert hat und die Offenheit gegenüber Veränderungen durch das virtuelle Arbeiten gewachsen ist.

3.2 Change-Management zur hybriden Arbeitswelt

Der Weg zur hybriden Arbeitswelt erfordert Veränderungen in Unternehmen – sei es in Bezug auf die IT-Infrastruktur, das Arbeitswesen, die Gewohnheiten oder das menschliche ‚Das-will-ich-nicht'-Stabilitätsbedürfnis. Dabei reicht es nicht aus, nur ein Konzept zu erstellen und zu erwarten, dass die Umsetzung ohne weitere Maßnahmen erfolgen wird.

Für die erfolgreiche Realisierung von Veränderungen im Unternehmen möchte ich zwei Change-Konzepte vorstellen, die ich in der Praxis oft anwende. Das bekannteste mag das Modell von Kotter sein, doch habe ich die Erfahrung gemacht, dass sich zwei andere Modelle ebenfalls als erfolgversprechend erweisen können. Diese möchte ich Ihnen vorstellen, wobei ich die Interpretation und die Erklärungen der Modelle angepasst und anhand meiner persönlichen Erfahrungen modifiziert habe.

▶ **Merkbox** Die Umsetzung der hybriden Arbeitswelt ist eine Veränderung und kann mit bekannten Change-Management-Methoden erreicht werden. Dabei fehlt es in den Unternehmen oft an Wissen zu systematischen Change-Management-Methoden.

3.2.1 Change-Management nach Streich (2016)

Die Maßnahmen, die mit der Umsetzung der hybriden Arbeitswelt einhergehen, sorgen für deutliche Veränderungen und somit auch für Ablehnung bei einigen Mitarbeitenden. Jeder Mitarbeitende im Unternehmen durchläuft bis zur Akzeptanz einer Veränderung sieben Phasen. Bei einigen Menschen dauert dieser Prozess nur Sekunden, bei anderen nimmt er Jahre in Anspruch (Abb. 3.6). Die folgenden Inhalte sind an meine Veröffentlichung von Lindner (2019a) angelehnt.

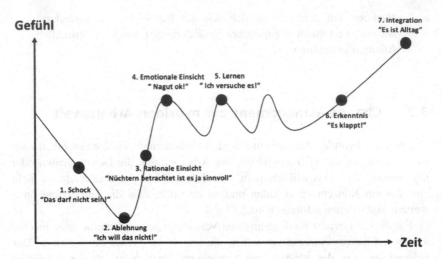

Abb. 3.6 Zyklus des Umgangs mit Veränderung. (Nach Streich (2016) – eigene Abbildung)

Phase 1: Schock
Die Notwendigkeit einer Veränderung erzeugt aufgrund der Angst vor einer neuen Situation zunächst einen Schock. Dies ist verbunden mit der Unfähigkeit, die Veränderung rational zu reflektieren. Meine Empfehlung in dieser Zeit: Kommunizieren Sie die Veränderung und lassen Sie die Mitarbeitenden dann für ein bis zwei Wochen in Ruhe, um den Schock verdauen. Sie kündigen lediglich an, dass neue Softwaretools eingeführt werden, die neue Arbeitsmethoden nötig machen werden.

Phase 2: Ablehnung
Nach dem Schock folgt eine starke Ablehnung. Sie merken dies daran, dass die Mitarbeitenden negativ über die Veränderung sprechen. In dieser Phase sollten Sie als Führungskraft den Mitarbeitenden helfen, zu verstehen, warum die Änderung vorgenommen wird, und damit Phase 3 vorbereiten. Sehen Sie sich als Anwältin/Anwalt der Veränderung.

Phase 3: Rationale Einsicht
Nachdem erkannt wurde, dass die Veränderung durch Ablehnung nicht verhindert werden kann, beginnen Mitarbeitende, sich rational mit der Veränderung zu beschäftigen. Es werden Vorteile abgewogen, erste Informationen zur Veränderung

eingeholt und erste kurzfristige Schritte zur Umsetzung gewünscht. Kommunizieren Sie in dieser Phase grobe Informationen zur Umsetzung der Veränderung, jedoch nicht den gesamten Plan. Zeigen Sie beispielsweise erste Software-Tools und grundlegende Informationen zu Future-Offices.

▶   **Merkbox** Der Unterschied zwischen rationaler und emotionaler Einsicht kann am Beispiel eines Fitnessstudios veranschaulicht werden: Ich sehe zwar ein, dass ich zu dick bin, weil es Daten wie das Körpergewicht bestätigen (rationale Einsicht), aber ich gehe nicht ins Fitnessstudio, weil ich nicht will (emotionale Einsicht).

Phase 4: Emotionale Einsicht
Die emotionale Einsicht stellt den eigentlichen Wendepunkt dar: Hier gilt es für Sie als Führungskraft, dranzubleiben. Mitarbeitende beginnen, mit der Veränderung vertraut zu werden und zeigen sich offen, weshalb Sie in dieser Phase konkrete Projektpläne veröffentlichen und erste Testzugriffe auf die Softwaretools gewähren sollten.

Phase 5: Lernen
Die Mitarbeitenden haben die Veränderung akzeptiert und beginnen, die neuen Softwaretools und virtuelle Arbeitsmethoden zu erproben. Geben Sie erste Schulungen zu Software und Methoden sowie erste schriftliche Guidelines für die Mitarbeitenden frei. Lassen Sie auch erste Teams mit den Software-Tools produktiv arbeiten.

Phase 6: Erkenntnis
Haben die Mitarbeitenden in Phase 5 schnelle Erfolge mit den Software-Tools erzielt, werden sie die Veränderungen schrittweise in ihren Alltag übernehmen wollen. Stellen Sie eine*n freundliche*n Administrator*in zur Hilfestellung bei der Softwarenutzung zur Verfügung und bitten Sie um Feedback zu neuen Prozessen durch eine*n Prozessmanager*in.

Phase 7: Integration
Nun werden die neuen Software-Tools und Arbeitsweisen als selbstverständlich angesehen. Ihre Aufgabe als Führungskraft besteht nun darin, wie eine Art ‚Oberlehrer*in' zu überwachen, ob die neuen Arbeitsweisen nach zwei bis drei Wochen noch eingehalten werden und es nicht zu Rückfällen in alte Verhaltensweisen kommt. Sie werden den Satz: „Das ist nicht im Sinne unserer neuen hybriden Firmenkultur" sehr oft nutzen.

3.2.2　Change-Management nach Rogers (1995)

Das zweite Modell ist nicht konkret auf das Change-Management bezogen, doch ich habe es im Laufe meiner Zeit als Consultant gerne als Vorlage genommen und modifiziert. Rogers ist der Begründer der Diffusionstheorie, durch die die Entwicklung von Innovationen und deren Verbreitung auf dem Markt beschrieben werden. Konkret bedeutet das: Wer kauft ein neues Produkt, z. B. die Apple Watch, zu welchem Zeitpunkt? Da gibt es die Innovator*innen, die die Apple Watch sofort nach der Keynote bestellen. Frühzeitige Anwender*innen kaufen, wenn das Produkt schon ein wenig auf dem Markt ist oder sobald Freunde das Produkt besitzen, und Nachzügler*innen erwerben es erst, wenn es keine normalen Uhren mehr gibt. Wie bei der Annahme solcher Innovationen läuft auch die Akzeptanz von Veränderungen im Unternehmen ab (Abb. 3.7). Die folgenden Inhalte sind an meine Veröffentlichung von Lindner (2019b) angelehnt.

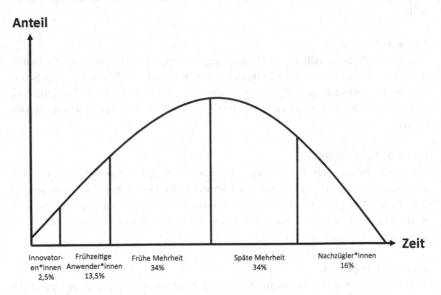

Abb. 3.7 Kaufverhalten von Innovationen nach Rogers (1995) – eigene Abbildung

► **Merkbox** Die Adaptation von Veränderungen erfolgt nach einem ähnlichen Muster wie das Kaufverhalten bei Innovationen auf dem Markt und erfordert eine Akzeptanz von Veränderungen. Die Diffusionstheorie kann deswegen auch für das Change-Management angewandt werden.

► **Merkbox** Als Phase 0 sehe ich das ‚Go' aus dem Top-Management. Haben Sie keine Freigabe und keine Unterstützung, wird das Projekt in jedem Fall scheitern.

Phase 1: Innovator*innen
In der ersten Phase empfiehlt es sich, Pilotprojekte mit ausgewählten Mitarbeitenden zu starten. Dabei ist kaum ein Change notwendig. Ein Tipp: Fragen Sie einfach mal: Wer hat Lust auf hybride Arbeit und möchte in den ersten Pilotteams sein? Sie werden laut der Theorie 2,5 % Ihrer Mitarbeitenden ohne Change-Aufwand gewinnen können.

Phase 2: Frühzeitige Anwender*innen
Nun bitten Sie einerseits die Innovator*innen, anderen Mitarbeitenden vom Projekt zu erzählen und kommunizieren andererseits im Blog etc. die bereits erzielten Erfolge. Sie werden feststellen, dass ohne zusätzlichen Change-Aufwand weitere 13,5 % (laut der Theorie) auch hybrid arbeiten wollen. Es entsteht eine Art Influencer-Effekt. Überwachen Sie die Umsetzung der hybriden Arbeitswelt und setzen Sie Feedback durch die Mitarbeitenden um.

Phase 3: Frühe Mehrheit
Nun gilt es, die frühe Mehrheit mitzunehmen. Diese ist vergleichsweise träge und beteiligt sich erst, wenn genügend andere mitmachen. Sie müssen also Ihre Meinungsführenden einerseits ‚bei Laune' halten und andererseits in Gespräche mit der frühen Mehrheit gehen. So können Sie Stück für Stück Mitarbeiter*in für Mitarbeiter*in gewinnen. In dieser Phase lohnen sich auch das intensive Coaching und der Einsatz externer Berater*innen.

Phase 4: Späte Mehrheit
Nun sind bereits knapp 50 % Ihres Unternehmens weitgehend Teil der hybriden Arbeitswelt. Es gilt nun, weitere Mitarbeitende zu gewinnen. Diese Phase kann ein bis zwei Jahre dauern. Meine Erfahrung ist: Sie werden nicht alle 34 % in dieser Phase für sich gewinnen, mithilfe von Gesprächen, gutem Marketing und Coaches

kann aber sicher die Hälfte, also ca. 17 %, erreicht werden. Warum Sie nicht alle überzeugen können, zeige ich in Phase 5.

Phase 5: Nachzügler
Anders als bei der Akzeptanz von Innovationen werden sich nicht alle Mitarbeitenden dafür entscheiden, hybrid zu arbeiten. Speziell Beschäftigte aus dem Mittelstand werden, wenn Sie zu viel Druck aufbauen, eher kündigen. Wenn Fachkräfte keine Lust auf hybride Arbeit haben, dann werden sie auch einen Arbeitgeber finden, der nicht hybrid arbeitet. Aber keine Sorge: Schaffen Sie einfach ein paar traditionelle Arbeitsplätze und alles wird gut! Auf solche Ruhezonen wird in Abschn. 4.2.4 eingegangen.

3.3   Internes Projektmanagement und Zielmanagement

Um die hybride Arbeit umzusetzen, müssen Sie interne Projekte starten wie die Umgestaltung von IT und Büroflächen. Allerdings zeigt sich in vielen Unternehmen bei internen Projekten vor allem eines: Chaos und fehlende Durchschlagskraft aufgrund der Priorisierung von Kundenprojekten!

▶ **Merkbox** Interne Projekte gestalten sich im Gegensatz zu Kundenprojekten oft eher chaotisch, nach dem Motto: ‚außen hui – innen
   pfui'. Stabsstellen wissen nicht, was sie tun sollen, interne Projekte
   sind bis zu zwölf Monate verzögert oder stehen seit Jahren still
   und es bewegt sich nichts, notwendige Eskalationen laufen dann ins
   Leere.

Für die zahlreichen Projekte, die im Zuge der Umsetzung hybrider Arbeit anstehen, möchte ich Ihnen eine Empfehlung für ein Programmmanagement geben. Ich habe dazu die Idee der Initiativen aus dem Spotify-Modell mit der Drei-Monats-Zielsetzung aus der OKR-Methode (Objectives and Key Results) zu einem Modell kombiniert.

▶ **Merkbox** In meinem Modell werden visionäre Ziele formuliert, die
   in Initiativen abgebildet werden. Jede Initiative hat einen verant-
   wortlichen Mitarbeitenden. Das Top-Management des Unternehmens
   definiert Projekte, durch die gesteckte Ziel erreicht werden sollen
   und die nicht länger als drei Monate dauern (angelehnt an OKRs).

Schritt 1: Initiale Planung der Ziele (Objectives) & Initiativen
Definieren Sie im ersten Schritt klare Ziele! Welche sind die Ziele der hybriden Arbeitswelt? Die Ziele können Sie aufschreiben. Hier einige Beispiele:

- Wir wollen eine funktionierende IT-Infrastruktur!
- Wir wollen eine moderne Einrichtung der Büroflächen!
- Wir wollen breite Akzeptanz und Zufriedenheit bei Mitarbeitenden!
- Wir wollen eine Kultur des Gelingens und des Vertrauens!
- Wir wollen eine hohe Sicherheit und Konformität zu relevanten Audits und Gesetzen!

Fassen Sie diese Ziele nun zu Initiativen zusammen. Eine Initiative kann mehrere Teilprojekte umfassen, die auf diese Initiative ,einzahlen'. Für jede Initiative gibt es eine*n verantwortliche*n Manager*in. Die Initiativen können in diesem Fall folgende Aspekte betreffen:

- IT-Infrastruktur
- Büroflächen
- Change-Management
- Kultur
- Compliance und Governance

Schritt 2: Konzeption von Teilprojekten – Key Results
Im klassischen OKR-Modell würden nun Zahlen zur Zielerreichung festgelegt werden, allerdings ist es schwer, die eher schwammigen Ziele exakt zu quantifizieren. Sie rufen daher lediglich ihre Führungskräfte, z. B. die Abteilungsleitungen, zusammen und stellen die Initiativen vor. Jede Führungskraft soll nun fünf bis zehn Projekte vorstellen, die für die Realisierung der Initiativen hilfreich sind. Der Vorstand wählt aus den Projekten die sinnvollsten aus und ordnet diese den Initiativen zu. Jedes Projekt sollte ca. drei Monate dauern und es sollte fünf bis zehn Projekte pro Initiative geben (Abb. 3.8).

▶ **Merkbox** Interne Projekte zeichnen sich dadurch aus, dass sie durch unternehmensinterne Auftraggeber initiiert und mittels unternehmenseigener Ressourcen abgewickelt werden.

Meine Empfehlung ist, ein Regelwerk zur Einreichung interner Projekte festzulegen. Konkret sind für ein internes Projekt bei der Einreichung unter anderem folgende Punkte klar zu formulieren:

IT-Infrastruktur	Büroflächen	Kultur
• Einführung Chat-System • Verbesserung Videokonferenzen • Prozessdefinition Regelmeetings	• Einrichtung Videokonferenz-Räume • Kaffeelounges pro Etage • Meetingecken einrichten	• Coaching agile Methoden • Coaching virtuelle Resilienz • Workshops zur Feedbacksammlung

Abb. 3.8 Beispielhafte Initiativen sowie Teilprojekte

- Projektname
- Kurzbeschreibung
- Verweis auf eine Initiative
- Wunsch-Start- und Enddatum
- grobe Arbeitspakete
- eine*n Sponsor*in (z. B. Vorstand)
- eine*n Auftraggeber*in
- und vieles mehr.

Schritt 3: Umsetzung, Überwachung und Controlling
Die Führungskräfte müssen nun die angenommenen Projekte umsetzen und an die/den verantwortliche*n Mitarbeitende*n der Initiative berichten. Gesammelt gehen die Reports dann an den Vorstand als ‚Steering Board'.

Wenn Sie noch die Zielerreichung messen wollen, lassen Sie Arbeitszeit auf die Projekte buchen und vergeben auch eine interne Währung auf die Wertigkeit eines Projekts. Ein Beispiel wäre:

- Risiko (1–5 Punkte; umgekehrt die Punkte vergeben – hohes Risiko: 1)
- Nutzen für die Firma (1–5 Punkte)
- Aufwand (1–5 Punkte; umgekehrt die Punkte vergeben – hoher Aufwand: 1)
- Verdienst – Return on Invest (1–5 Punkte)
- Dringlichkeit (1 oder 5 Punkte; dies deckt ab ob ein Projekt zwar keinen direkten Nutzen bringt jedoch ein Gesetz oder Sicherheitsproblem behebt)

Nun rechnen Sie die Punkte zusammen. Für ein Projekt können in diesem Fall maximal 20 Punkte vergeben werden. Bietet ein Projekt beispielsweise einen hohen Nutzen (5), wenig Aufwand (5), guten Verdienst (5), aber ein hohes Risiko (1), werden 16 Punkte erreicht. Anhand der Summierungen der Projektpunkte sowie der investierten Zeit wissen Sie am Ende, wie viele Stunden in ein Ziel des Vorstands

IT-Infrastruktur Ziel: 180 Punkte	Büroflächen Ziel: 200 Punkte	Kultur Ziel: 300 Punkte
• Einführung Chat-System (12) • Verbesserung Videokonferenzen (11) • Prozessdefinition Regelmeetings (18)	• Einrichtung Videokonferenz-Räume (12) • Kaffeelounges pro Etage (11) • Meetingecken einrichten (19)	• Coaching agile Methoden (18) • Coaching virtuelle Resilienz (17) • Workshops zur Feedbacksammlung (20)
41 Punkte **257 Stunden**	**42 Punkte** **103 Stunden**	**55 Punkte** **368 Stunden**

Abb. 3.9 Beispielhafte Anzeige von Erfolgen in den einzelnen Initiativen

investiert und wie viele Punkte erreicht wurden. Nach jedem Quartal können Sie dann einen Bericht zeigen (Abb. 3.9):

- welche Projekte für welches Ziel umgesetzt wurden (Projektliste) und
- was pro Initiative investiert wurde (Punkteliste und Arbeitsstunden).

Zusätzlich können Sie eine Punktzahl festlegen, die angibt, wann eine Initiative beendet werden soll oder wie weit die Initiativen auseinanderliegen sollen, bis für eine bestimmte Initiative ein verstärkter Aufwand erforderlich ist. So nützt es beispielsweise nichts, wenn sich die IT verbessert, aber das Büro über keine neuen Möbel verfügt.

▶ **Merkbox** Nutzen Sie die Punktzahl für die Projekte auch, um eine Priorisierung vorzunehmen, wenn zwei Projekte um die gleiche Ressource konkurrieren. Das Projekt mit der höheren Punktzahl wird die Ressource zuerst beanspruchen, während sich das andere Projekt verzögert.

3.4 Fazit

In diesem Kapitel wurde der Weg zur hybriden Arbeitswelt diskutiert und es wurden Empfehlungen für die Umsetzung dieses Ziels gegeben. Dabei wurden zuerst der Effekt von Covid-19 und der Weg hin zu einem offenen Mindset für die virtuelle Arbeit sowie die Rückkehr ins Büro in satirischer Weise anhand von Karikaturen erläutert. Waren Manager*innen anfangs noch skeptisch, wurde Homeoffice plötzlich möglich und Arbeit fand sogar in vielen Unternehmen flächendeckend virtuell statt. Dennoch möchten Fachkräfte nach der Zeit der virtuellen Arbeit aufgrund des Bedürfnisses nach sozialem Umgang wieder zurück ins Büro. Es ist am Ende die Mischung zwischen Home und Office, die am meisten zur Zufriedenheit führt!

Zur Realisierung der hybriden Arbeitswelt sind Veränderungen notwendig. Hierzu wurden zwei Change-Modelle gezeigt, die dabei helfen können, die notwendigen Veränderungen konstruktiv im Unternehmen umzusetzen. Abgesehen von den Rahmenwerken ist es jedoch notwendig, die Projekte zur Veränderung sinnvoll zu strukturieren und abzuarbeiten. Da in Unternehmen häufig kein klar definiertes internes Projektmanagement vorhanden ist, wurde in diesem Kapitel ein Konzept für ein solches vorgestellt, welches an den Spotify- und den OKR-Ansatz angelehnt ist. Ihre Aufgabe ist es nun, dieses Modell sinnvoll auf Ihr Unternehmen anzupassen.

Arbeit im hybriden Office 4

Die hybride Arbeitswelt stellt eine Mischung zwischen Homeoffice oder mobiler Arbeit und der Arbeit im Büro dar. Zu Hause kann mithilfe von Softwaretools virtuell mit anderen Mitarbeiter*innen zusammengearbeitet werden. Auch konzentrierte Arbeit soll bevorzugt von Zuhause aus erledigt werden. Das Büro wird dadurch zu einem Ort der kreativen Zusammenkunft mit verschiedenen Flächen für Teamarbeit und Austausch. Durch kleine Kaffeeecken, Meetinginseln und Teamspaces soll eine angenehme Atmosphäre geschaffen werden. Da nicht jeder Mitarbeitende mit dem Homeoffice zurechtkommt, sollte es auch Arbeitsecken für konzentrierte Arbeit geben.

▶ **Merkbox** Konzentrierte und wenig kreative Arbeit findet virtuell über Softwaretools im Homeoffice statt. Teamarbeit und kreative Treffen werden im Büro abgehalten, das als Ort der Zusammenkunft und des Austauschs dient.

In diesem Kapitel werden zuerst Empfehlungen zur Verwendung von Softwaretools für die Arbeit im Homeoffice gegeben. Ergänzend werden anschließend Empfehlungen für Arbeit im Büro formuliert. Abgeschlossen wird das Kapitel mit Empfehlungen für Führungskräfte zur Motivation von Mitarbeiter*innen sowie zur Sicherstellung der Zielerreichung.

4.1 Empfehlungen für die virtuelle Arbeit im Homeoffice

Um sinnvoll virtuell zu arbeiten, wird eine Reihe von Softwaretools benötigt. Als ich 2019 zu virtuellen Teams arbeitete, haben sich folgende Softwaretools als wesentlich herauskristallisiert (Lindner, 2020):

© Der/die Autor(en), exklusiv lizenziert an Springer Fachmedien Wiesbaden GmbH, ein Teil von Springer Nature 2022
D. Lindner, *Hybride Arbeitswelt*, essentials,
https://doi.org/10.1007/978-3-658-37318-4_4

- **Aufgabenverwaltung:** Diese Software übernimmt die Planung und das Verwalten von Aufgaben. Es geht grob um Projektmanagementfunktionen, die mit Kommunikationskanälen verwoben sind.
- **Content-Collaboration:** Mitarbeiter*innen müssen häufig sofort auf Dokumente zugreifen und diese freigeben können. Mithilfe von Tools für die Content-Collaboration werden eine gemeinsame Dateibearbeitung und Dokumentenverwaltung ermöglicht. So können Sie Dokumente direkt in Diskussionen einbetten und an einem zentralen Ort speichern, um dort einfach nachschlagen zu können.
- **Meeting-Solutions:** Die Zeiten, in denen lange persönliche Besprechungen geplant wurden, sind vorbei. Besprechungen und Briefings finden über Sprach-, Video- und Bildschirmfreigabe statt. Diese Besprechungen können an bestimmte aufgabenbasierte Kanäle gebunden werden.
- **E-Mail, Chat und Kalender:** Ich denke, dazu muss nicht viel gesagt werden. Kommunikation und Zeitplanung sind und bleiben vor und nach Covid-19 das A und O.

Nun gilt es, diese Softwaretools sinnvoll im Unternehmen einzusetzen. Ich schlage vor, hier in drei Schritten vorzugehen. Schritt 1 ist einfach: Wählen Sie die passende Software aus oder überprüfen Sie, ob Sie für alle vier Bereiche eine passende Software besitzen. Generell können Sie für zwei Bereiche auch die gleiche Software verwenden, z. B. Atlassian Jira mit Confluence. Bei Microsoft Office 365 & Teams sind sogar alle vier Bereiche durch eine Software abgedeckt.

Im zweiten Schritt sollten Sie fehlende oder nicht funktionale Software durch sinnvolle neue Software ersetzen. Als Entscheidungshilfe können Sie Ihre eigenen Erfahrungen nutzen und/oder Ihre Mitarbeitenden befragen. Generell hängt die Wahl der Software auch vom Datenschutz ab. Während Microsoft oftmals US-Server nutzt, können Sie Open-Source-Software selbst auf Ihren Systemen installieren und stellen damit die Verwendung der Daten sicher. Eine Open-Source-Software ist eine Software, deren Quellcode frei verfügbar über das Internet heruntergeladen und die im Rahmen von Open-Source-Lizenzmodellen unentgeltlich genutzt werden kann. Durch die Veröffentlichung des Quellcodes kann der/die Nutzer*in nachvollziehen, dass Daten nicht ohne seine/ihre Genehmigung verwendet werden (vgl. Lindner, 2020). Wie immer gilt hier: Die goldene Mitte ist der Weg zum Erfolg, was bedeutet, dass sinnvollerweise ein Mix aus Open Source und kommerzieller Software zu wählen ist!

▶   **Merkbox** Wählen Sie die Software sorgfältig aus! Der Vorteil bei der Nutzung von Open Source besteht darin, dass Sie die Kontrolle und die Souveränität über die eigenen Daten behalten. Nachteile können aus einer manchmal erschwerten Administration entstehen, während kommerzielle Tools oftmals sehr schnell und einfach zu nutzen sind.

Im dritten Schritt gilt es, über die Software hinaus Verknüpfungen zu erstellen, um die Effizienz der Mitarbeitenden zu steigern. Das bedeutet, dass Sie durch eigene Schnittstellen oder Plugins Synergien mit der eingesetzten Software erzeugen. Beispiele für solche Verknüpfungen sind (Lindner, 2020):

- Dokumente können direkt in der Filesharing-Lösung bearbeitet und geteilt werden (Online-Office-Funktion).
- E-Mail-Anhänge werden direkt als Link aus der Filesharing-Lösung erstellt.
- Dokumente und Aufgaben (z. B. Word und Jira) können miteinander verknüpft werden.
- Im Chat kann auf vorhandene Dokumente und Aufgaben verwiesen werden.
- Bei Einladung von Teilnehmern im Kalender wird automatisch ein virtuelles Meeting erstellt.
- Bei der Eintragung von Urlaub im Kalender wird automatisch eine Abwesenheitsnachricht bei E-Mails eingerichtet.
- Zum Abschluss noch eine Verknüpfung mit der Zeitbuchung, die in diesem Kapitel nicht näher erläutert wurde: schnelle Zeitbuchung nach Abschließen einer Aufgabe oder eines Tickets mit Übernahme der wesentlichen Informationen, z. B. Betreff (vgl. Kap. 4).

Im Folgenden möchte ich Ihnen zuerst verschiedene sinnvolle Softwareprodukte vorstellen. Anschließend soll die Nutzung der vorgestellten Produkte anhand von klassischen und agilen Arbeitsmethoden erläutert werden. Ich gehe davon aus, dass in der hybriden Arbeitswelt beide Methoden geeignet sind und in den Unternehmen ein Blumenstrauß aus vielen verschiedenen Methoden Anwendung findet wird (Abb. 4.1).

Ich konzentriere mich in diesem *essential* auf eine allgemeine Darstellung der virtuellen Arbeit im Unternehmen. Sollten Sie generell noch Tipps für die Arbeit im Homeoffice benötigen, empfehle ich, mein *essential* „Virtuelle Teams und Homeoffice" zur Hand zu nehmen.

Abb. 4.1 Unternehmen werden aus einem bunten Blumenstrauß aus Methoden bestehen

4.1.1 Vorstellung von Softwaretools zur virtuellen Arbeit

In dem genannten *essential* „Virtuelle Teams und Homeoffice" werden bereits zahlreiche Softwaretools detailliert vorgestellt. Aus diesem Grund möchte ich hier lediglich für die einzelnen Aufgabenbereiche verdeutlichen, welche Möglichkeiten bestehen, um diese Prozesse mit Software sinnvoll zu unterstützen. Die folgenden Inhalte sind teilweise eine Überarbeitung der Inhalte aus meinem *essential* Lindner (2020). Sie wurden durch neue Erkenntnisse erweitert und angepasst.

Aufgabenverwaltung
Ein notwendiges Instrument ist ein Tool zum Vorgangs- und Aufgabentracking. Nur mit einer sinnvollen Visualisierung und anhand von Ansichten wie Boards (Abb. 4.2) oder Ticketsysteme (Abb. 4.3) können Sie nachvollziehen, was Ihre Mitarbeitenden aktuell tun; zudem können diese damit kollaborativ arbeiten. Nur wenn jede*r weiß, woran der/die andere*r arbeitet, kann Teamarbeit gelingen. Jede Aufgabe, die Sie

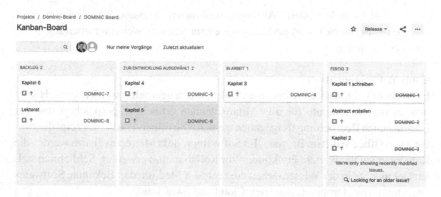

Abb. 4.2   Screenshot aus der Software Jira zur Erstellung dieses *essentials* (Lindner, 2020)

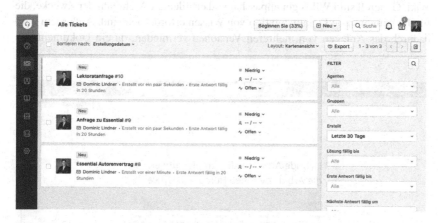

Abb. 4.3   Ansicht aus Freshdesk – einen Ticketsystem zur Kommunikation im Rahmen dieses *essentials* (Lindner, 2020)

in den beiden Abbildungen sehen, enthält eine genaue Beschreibung. Auch die Kommunikation zur Aufgabe ist definiert.

▶   **Merkbox** Es gibt einerseits agile Tools wie Jira, die mit Boards vor allem komplexe Aufgaben sehr gut darstellen, und andererseits Ticketsysteme wie OTRS und Freshdesk, durch die sich prozessbasierte Arbeit wie E-Mails, Störungsmeldungen und Telefonanrufe sowie formularbasierte Anfragen strukturiert erfassen, klassifizieren und speichern lassen und die eine entsprechende Weiterverarbeitung ermöglichen.

Content-Collaboration

Es ist notwendig, dass gemeinsam an Dokumenten gearbeitet werden kann. Hierzu müssen die Dokumente für alle Mitarbeitenden erreichbar gespeichert und zur gemeinsamen Bearbeitung freigegeben werden. Die folgende Abb. 4.4 zeigt die Nutzung von Office Word im Browser. Im Softwareprodukt Microsoft Teams werden die Komponenten um weitere Funktionen zur Kollaboration erweitert. Schließlich stellen Dokumente in der Wissensarbeit ein zentrales Medium dar. Bekannte Softwares sind One-Drive, Dropbox, Box, nextCloud und ownCloud.

Eine weitere Möglichkeit sind Wiki-Systeme. Wikipedia ist Ihnen sicher bekannt – die Software-Grundlage dieser Online-Dokumentation ist ein Media-Wiki. Generell sind Wikis gut anpassbar und erfüllen die Mehrzahl der Zwecke, die für die gemeinsame Dokumentation von Wissen erforderlich sind. Außerdem wird dadurch das Anlegen von mehreren Versionen vermieden, da ein Dokument von

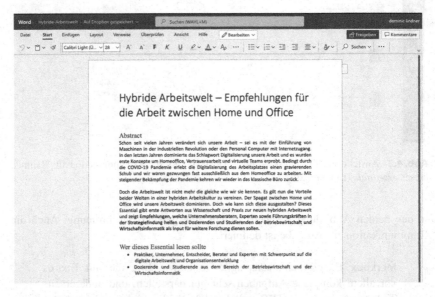

Abb. 4.4 Microsoft-Office-Dokument zur gemeinsamen Bearbeitung im Browser der Dropbox geöffnet

Seite Diskussion   Lesen   Bearbeiten   Versionsgeschichte   webprojekt-marktplatz.de durchsucher

Hybride Arbeitswelt

Schon seit vielen Jahren verändert sich unsere Arbeit – sei es mit der Einführung von Maschinen in der industriellen Revolution oder den Personal Computer mit Internetzugang. In den letzten Jahren dominierte das Schlagwort Digitalisierung unsere Arbeit und es wurden erste Konzepte um Homeoffice, Vertrauensarbeit und virtuelle Teams erprobt. Bedingt durch die COVID-19 Pandemie erlebt die Digitalisierung des Arbeitsplatzes einen gravierenden Schub und wir waren gezwungen fast ausschließlich aus dem Homeoffice zu arbeiten. Mit steigender Bekämpfung der Pandemie kehren wir wieder in das klassische Büro zurück.

Doch die Arbeitswelt ist nicht mehr die gleiche wie wir sie kennen. Es gilt nun die Vorteile beider Welten in einer hybriden Arbeitskultur zu vereinen. Der Spagat zwischen Home und Office wird unsere Arbeitswelt dominieren. Doch wie kann sich diese ausgestalten? Dieses Essential gibt erste Antworten aus Wissenschaft und Praxis zur neuen hybriden Arbeitswelt und zeigt Empfehlungen, welche Unternehmensberatern, Experten sowie Führungskräften in der Strategiefindung helfen und Dozierenden und Studierenden der Betriebswirtschaft und Wirtschaftsinformatik als Input für weitere Forschung dienen sollen.

Wer dieses Essential lesen sollte [Bearbeiten]

- Praktiker, Unternehmer, Entscheider, Berater und Experten mit Schwerpunkt auf die digitale Arbeitswelt und Organisationsentwicklung
- Dozierende und Studierende aus dem Bereich der Betriebswirtschaft und der Wirtschaftsinformatik

Diese Seite wurde zuletzt am 13. Oktober 2021 um 22:39 Uhr bearbeitet.

Datenschutz   Über webprojekt-marktplatz.de   Haftungsausschluss   Powered by MediaWiki

Abb. 4.5 Dieses *essential* als Wiki Seite

allen Mitarbeitenden bearbeitet und versioniert abgerufen werden kann. Abb. 4.5 zeigt dieses *essential* in Form eines Media-Wiki. Eine Alternative ist die Software Confluence von Atlassian.

Meeting-Solutions

Aufgrund von Covid-19 hat die Nutzung von Video- und Telefonkonferenzen deutlich zugenommen, was verschiedene Änderungen in der Arbeitsweise bedingt. Eine Videokonferenzlösung sollte verschlüsselt sein und die Möglichkeit bieten, per Telefon teilzunehmen und Dokumente gemeinsam zu betrachten. Im Folgenden werden einige Anbieter inkl. Marktanteil (Quelle: Statista, 2021) sowie Open-Source-Anbieter aufgelistet:

- Zoom (ca. 40 %)
- GoTo Meeting (ca. 20 %)
- Cisco (16,15 %)
- Jitsi (Open Source)
- Big Blue Button (Open Source)
- NextCloud Talk (Open Source)
- Microsoft Teams wurde nicht berücksichtigt, verfügt jedoch über einen sehr hohen Marktanteil.

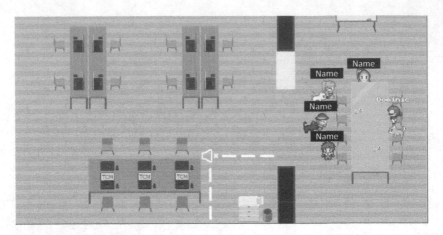

Abb. 4.6 Screenshot aus der Software Workadventure

Es gibt mittlerweile auch interessante Konferenzlösungen wie Workadventure, Gather.town etc. Die Software vergibt an jede*n Mitarbeitende*n einen Avatar und ermöglicht eine Interaktion in virtuell gestalteten Räumen, die wie das Unternehmen aussehen können. Das wirkt fast wie im echten Leben! Auch per Virtual Reality (VR) gibt es vielversprechende Videolösungen, die ich aktuell teste, wobei ich noch keine Lösung uneingeschränkt empfehlen kann (Abb. 4.6).

E-Mail, Chat und Kalender
In diesem Bereich gibt es zahlreiche Lösungen, wobei beispielsweise bei Microsoft 365 und vielen anderen Tools die E-Mail- und die Kalender-Funktion inkludiert sind. Ich möchte daher nur kurz auf eine Chatlösung eingehen, weil sich dadurch die Geschwindigkeit in Unternehmen deutlich erhöhen kann und diese daher von wesentlicher Bedeutung sind. Hier ist aktuell RocketChat (Abb. 4.7) aufgrund der einfachen Integrierbarkeit in andere Softwarekomponenten, der vielen Funktionen und der sicheren Einrichtung ein oft verwendetes Software-Tool im Open-Source-Bereich.

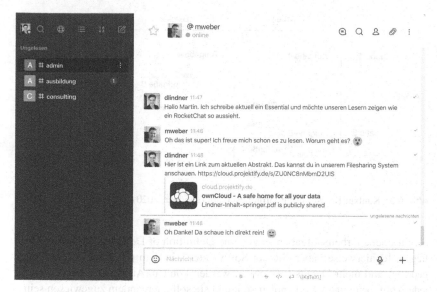

Abb. 4.7 RocketChat als Screenshot in der Community-Edition im Chat von projektify.de (Lindner, 2020)

4.1.2 Nutzung der Softwaretools zur virtuellen Arbeit

Virtuelle Arbeit erfordert geeignete Softwaretools, doch müssen diese auch zielführend in der Organisation eingesetzt werden. Im Folgenden möchte ich Ihnen sowohl die Arbeit mit agilen Tools als auch jene mit klassischen Tools wie Ticketsystemen näherbringen. Die folgenden Inhalte sind eine Überarbeitung der Inhalte aus meinem *essential* Lindner (2020) und sind von mir überarbeitet und auch erweitert worden.

Agile Arbeitsweise
Bei agilen Methoden wie Scrum und Kanban werden Boards verwendet, um Arbeit visualisieren. Diese Grundidee sollten Sie für die Organisation von virtuellen Teams ebenfalls nutzen und die einzelnen Aufgaben sinnvoll auf einem Board abbilden.

Das Board dient als Informationsknoten. Dort wird die Information darüber verteilt, wer zu welcher Zeit was erledigen kann. Die folgende Abb. 4.8 zeigt ein Kanban-Board. Dort finden Sie einen Backlog mit allen Aufgaben, die zu erledigen sind. Sie sollten als Manager*in immer sicherstellen, dass ausreichend sauber

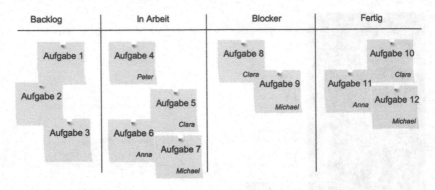

Abb. 4.8 Kanban-Board für ein virtuelles Team (Lindner, 2020)

beschriebene Arbeitsaufgaben sowie eine Definition of Done (Zieldefinition) vorliegen. Idealerweise haben Sie ein Softwaretool, in dem per Klick die Aufgaben
geöffnet und mehr Details eingesehen werden können. Auch sollte der Status für
jede Aufgabe eindeutig erkennbar sein und sie sollte jemandem zugewiesen sein.

▶   **Merkbox** Jede Aufgabe sollte klar beschrieben sein, einen Bearbeiter
     haben sowie einen Status und einen Kommentar aufweisen, aus dem
     hervorgeht, wie der aktuelle Stand ist.

Klassische Arbeitsweise

Der klassische Ansatz unterscheidet sich von der agilen Vorgehensweise vor allem
dadurch, dass im Gegensatz zu komplexen Projekten Aufgaben nicht proaktiv
geplant werden, sondern dass auf bestimmte Ereignisse z. B. auf eine Kundenanfrage
reagiert wird.

Boards sind hier nur bedingt hilfreich, nützlicher sind Ticketsysteme (Abb. 4.9).
Der Ablauf stellt sich wie folgt dar: Eine Aufgabe wird durch ein Ereignis ausgelöst
und einem/einer Systemnutzer*in als Ticket zugewiesen. Anschließend verteilen Sie
z. B. die neuen Tickets nach Spezifikation an die Mitarbeiter*innen und überwachen die Ausführung. Sie sehen außerdem genau, wie alt jedes Ticket ist und welche
Hindernisse aktuell vorliegen. Auch können Tickets jederzeit an Mitarbeiter*innen
weitergegeben werden und der gesamte Stand ist so dokumentiert, dass nichts ver-
gessen wird. Entscheidend ist außerdem der Inhalt der Tickets: In jedem Ticket
sollten aktuelle Informationen sowie Notizen aus Telefonaten/Nebenabsprachen

Status	ID	Betreff	Besitzer	Datum	Letzter Kommentar
Neu	#54	Neue Datenbank	System	02.04.2020	neues Ticket
	#55	Neuer Server	System	03.04.2020	neues Ticket
In Bearbeitung	#50	100 neue User	Clara	27.03.2020	50/100 angelegt
	#53	SQL Dump ziehen	Michael	01.04.2020	Dump wird gezogen
Waiting	#51	Datenbank reset	Clara	15.03.2020	Freigabe von Kunden fehlt
	#50	Server 404	Anna	17.03.2020	warte auf Logs vom Kunden
Fertig	#52	Server Update	Michael	28.03.2020	erledigt
	#49	ownCloud upgrade	Clara	30.03.2020	erledigt

Abb. 4.9 Klassische Arbeitsweise in einem Ticketsystem (Lindner, 2020)

vermerkt sein. Weiterhin sollten Tickets mit gleicher Thematik regelmäßig zusammengefügt werden. Sie sollten also darauf achten, dass das System gut verwaltet ist.

4.1.3 Zwischenfazit

In diesem Unterkapitel wurden Softwaretools und deren konstruktiver Einsatz nach agilen und klassischen Methoden behandelt. Betrachtet wurden Tools für:

- die Aufgabenverwaltung,
- die Content-Collaboration,
- Meeting-Solutions,
- E-Mail, Chat und Kalender.

Dabei wurden verschiedene Softwaretools von Open Source bis zu kommerzieller Software vorgestellt. Anschließend wurden die agile sowie die klassische Methode erläutert und es wurde die jeweilige Funktionsweise mit den Tools anhand von Beispielen gezeigt.

Ihre Aufgabe ist es nun, im Unternehmen die richtige Software auszuwählen, diese sinnvoll zu verbinden und für die Mitarbeiter*innen eine wertschöpfende IT-Infrastruktur zu bieten.

4.2 Empfehlungen für die Arbeit im hybriden Office

Das Büro wird in der hybriden Arbeitswelt weiterhin eine wesentliche Rolle spielen und zu einer Art kreativer Werkstatt werden. Möglicherweise wird es sich eher anfühlen, als ginge man auf eine Konferenz. Stellen Sie sich vor, dass Sie von Montag bis Mittwoch zu Hause arbeiten und am Donnerstag und am Freitag ins Büro fahren. Dort werden Sie alle erforderlichen Live-Meetings abhalten, damit Sie wieder drei Tage ohne viel Abstimmungsaufwand von Zuhause aus arbeiten können. Im Büro werden Sie viele Workshops durchführen, die Sie zu Hause vor- und nachbereiten; außerdem werden Sie im Homeoffice vor allem die konzentrierte Arbeit erledigen.

Ich gehe in diesem Unterkapitel davon aus, dass Sie über die notwendigen technologischen Voraussetzungen verfügen, wie in Unterkapitel 4.1 beschrieben, sodass Mitarbeiter*innen auch im Büro sinnvoll mit Mitarbeiter*innen aus dem Homeoffice vernetzt sind.

► **Merkbox** In der Vergangenheit wurde Arbeit an einem bestimmten Ort, zu einer festgelegten Zeit und in einem festen Team durchgeführt. Als Beispiele können hier Kernzeiten (z. B. 9:00–17:30), die zwingende Anwesenheit auf dem Werksgelände bzw. am Schreibtisch wie auch die Zuordnung zu einem Team in der hierarchischen Organisation genannt werden (Lindner, 2018).

Die Vision der hybriden Arbeitswelt ist die, dass Arbeit von jedem Ort aus und zu jeder Zeit erledigt werden und sich die Zusammensetzung von Teams durch digitale Vernetzung dynamisch oder projektbasiert verändern kann. Daher müssen auch die Büroflächen auf diese neue Art der Arbeit angepasst werden.

4.2.1 Activity-Based Working

Ein zentrales Schlagwort ist Activity-Based Working, das sich auf moderne Büro- und Gebäudekomplexe bezieht. Ziel ist die Förderung der Leistungsfähigkeit und der Kreativität. Mitarbeitende haben nach diesen Konzepten keinen festen Arbeitsplatz mehr und es gibt auch keine starren Raumstrukturen. Die Leitidee lautet: „Your office is where you are".

▶ **Merkbox** Das Büro wandelt sich zu einem Ort der Kommunikation und der Vernetzung anstelle der Routinearbeit. Dazu werden situationsorientierte Räumlichkeiten benötigt, die sowohl den kreativen Austausch oder die Projektarbeit fördern als auch Rückzugsmöglichkeiten bieten.

Das bedeutet, dass der feste Schreibtischarbeitsplatz bei Activity-Based Working nicht mehr vorhanden ist. Vielmehr gilt es, das Büro mit unterschiedlichen Bereichen attraktiv zu gestalten. Mitarbeitende führen über den Tag verteilt grob vier Arten von Arbeiten aus (Abb. 4.10):

Abb. 4.10 Activity-Based-Working-Konzept (Lindner, 2019, Bildquelle: noris network AG sowie gekaufte Lizenz bei ehemals Fotolia.de)

- hochkonzentrierte Arbeit
- ruhige Arbeit
- kreative Arbeit
- Team-/Projektarbeit

Es gibt ein Angebot an unterschiedlichen Arbeitsbereichen. Erweitert werden diese Konzepte durch Pausen- und Sozialbereiche sowie Kaffeeecken und Nischen. Dort sollen spontane Treffen, der Austausch, die Vernetzung und das soziale Miteinander der Mitarbeiter*innen stattfinden. Besonders durch spontane Begegnungen werden kreative Arbeit und die Zugehörigkeit zum Unternehmen gefördert.

▶ **Merkbox** Eine vielseitige Bürogestaltung hat zum Ziel, die Mitarbeiter*innen bei ihren jeweiligen Tätigkeiten immer optimal zu unterstützen. Weiterhin sollen durch die Bürogestaltung Vernetzung und sozialer Austausch gefördert werden.

Für die Umsetzung dieser aktivitätsbasierten Arbeit müssen bestimmte Grundbedingungen erfüllt sein:

- Private und exklusive Schreibtische werden vollständig abgeschafft und durch Desk-Sharing ersetzt.
- Es gibt weniger Arbeitsplätze als Mitarbeitende, um Homeoffice zu fördern.
- Es gibt Projekt- und Multi-Media-Räume, die eine Integration in eine Videokonferenzsoftware aufweisen, sodass hybride Meetings möglich sind.
- Die gesamte Arbeit und die Administration erfolgen papierlos und Dokumente sind online verfügbar.
- Es gibt flexible Arbeitsmodelle, um individuelle Gestaltungsspielräume zu schaffen.

4.2.2 Risiken durch Activity-Based Working

Es gibt auch Risiken, die mit der Einrichtung solcher Arbeitsplätze verbunden sind. Drei Risiken wurden 2018 in einer Studie mit Expert*innen (Lindner et al., 2018) untersucht. Kurz zusammengefasst handelt es sich um folgende Aspekte:

- Die dauerhafte Platzbuchung und die Veränderung durch Shared Desk kann für Mitarbeiter*innen zur Belastung werden.
- Die Lautstärke kann ein massives Problem darstellen.
- Bauliche Veränderungen sind nach Fertigstellung kaum noch möglich.

Die genannten drei Risiken sollen im Folgenden diskutiert werden. Hierzu habe ich während meiner Forschung mehrere Gruppendiskussionen geführt. Eine Erkenntnis daraus war, dass Flex Desks und Buchungssysteme nicht sehr beliebt sind. Generell bestätigt sich durch meine Studie von 2019 (Lindner/Greff), dass Flex Desks weniger populär sind, jedoch als akzeptabel gelten, wenn sie ohne Buchungssystem nutzbar sind. Konsens bestand in Bezug auf folgende Aussage einer Managerin eines offenen Bürokonzepts:

„Jeder Tisch steht zur Verfügung, es wird nicht vorher gebucht, weil letztendlich macht es das System noch komplexer, wenn ich mir jetzt jeden Abend noch überlegen müsste: Wo sitze ich morgen? Das würde einfach zu viel Aufwand sein. Und so ist jeder Arbeitsplatz im Prinzip für jeden frei. Ich kann mich hinsetzen, wo ich möchte.“

Es zeigt sich, dass der vollständige Verzicht auf fest zugeteilte Arbeitsplätze negative Auswirkungen haben kann. Das Arbeiten in ungewohnter Umgebung kann Unsicherheit aufgrund fehlender Privatsphäre und Konzentrationsstörungen zur Folge haben. Auch der emotionale Bezug zum Arbeitsplatz geht verloren. Zudem kann es ohne ausreichende Software zu umfangreichen Suchaktionen von freien Arbeitsplätzen durch die Mitarbeitenden kommen. Zu vermeiden ist, dass die Suche nach einem geeigneten Platz wie das bekannte Kinderspiel ‚Reise nach Jerusalem‘ endet. Somit kann festgehalten werden, dass durch bunte Möbel, Spielzimmer und Kicker allein noch lange kein hybrides Arbeitsumfeld geschaffen wird.

Das zweite Risiko betrifft die Lautstärke. Diesbezüglich stimmten die Teilnehmer in einem zufälligen Gespräch in der Mittagspause einer Gruppendiskussion im Rahmen der Forschung einhellig folgender Aussage eines Managers zu (Lindner et al., 2017):

*„Wenn man 5 Zoom-Konferenzen im Raum hat und noch hinten drei Personen, welche sich austauschen, dann ist es so laut, dass man sich kaum versteht. Es ist bei gewisser Anzahl an Mitarbeiter[*innen] nicht mehr möglich, sich überhaupt zu unterhalten.“*

Eine ruhige Arbeitsumgebung ist jedoch essenziell für die Konzentration und die Entfaltung von Kreativität. Achten Sie daher bei der Einrichtung auf entsprechende Möbel und Vorrichtungen wie Teppiche, durch die der Lärm reduziert wird.

Ein weiteres Risiko ergibt sich aus möglichen Fehlinvestitionen in Gebäude und Möbel. Eine bestehende Bürofläche und neue Möbel können nicht einfach wieder verändert werden. Es gilt deswegen vorsichtig neue Bürokonzepte auszuprobieren. Eine Empfehlung der Teilnehmer aus meiner Studie von 2018 waren sogenannte Testgelände, die wie folgt ausgestaltet sind (Studie Lindner et al., 2018):

> *„[Wir haben] eine größere Etage angemietet und haben gesagt: ‚Lass' uns das doch mal einfach ausprobieren.' Eineinhalb Jahre lang. Fast zwei Jahre lang. Und waren da einhundertzwanzig Leute und haben einfach [...] Raumkonzepte erprobt. "*

Allerdings ist es für Unternehmen kaum umsetzbar, Millionen Euro in ein neues Gebäude zu investieren und dieses wieder umzubauen, weil es doch nicht den Anforderungen der hybriden Arbeitswelt entspricht. Ratsam ist es daher, mithilfe von Pilotkonzepten die hybride Arbeitswelt für das eigene Unternehmen zu entdecken.

4.2.3 Neue Bürokonzepte

Zur Umsetzung von neuen Bürokonzepten stehen zahlreiche Methoden zur Verfügung. In diesem Abschnitt sollen einige dieser neuen Konzepte vorgestellt und ihre Vorteile erläutert werden.

Großraum-, Zellen-, Teambüros und reversible Büros
Das erste Konzept ist bereits seit den 1980er-Jahren bekannt als das klassische Großraumbüro. Hierbei handelt es sich um eine Zusammenfassung von vielen Arbeitsplätzen auf einer großen Grundfläche, die durch Stellwände untergliedert ist. Dabei wurden die Möbel weiterentwickelt, sodass das Konzept wieder an Relevanz gewinnt. Die Vorteile sind, dass es platzsparend ist und eine schnelle Kommunikation garantiert.

Ein zweites Konzept ist das Zellenbüro, das sich als geschlossene Wand mit Mehrpersonen- oder Einzelbüros darstellt. Diese sind häufig entlang einer Fassade angeordnet. Alle Büros sind über einen Flur miteinander verbunden, was den Effekt des ‚Flurfunks' befördert. Von Vorteil ist, dass es sich um eine bekannte Struktur handelt, in der sich viele Mitarbeiter*innen wohlfühlen und durch die festen Arbeitsplätze eine individuelle Gestaltung des Arbeitsplatzes möglich ist. Ein Unterkonzept des Zellenbüros sind Teambüros. Dabei steht eine Fläche für eine kleine Gruppe zur Verfügung, die gleiche oder ähnliche Aufgaben hat. Die Vorteile dieses Modells sind, dass Teams in räumlicher Nähe zueinander arbeiten und

Großraumbüro   Zellenbüro   Reversible Büro

Abb. 4.11 Großraumbüro, Zellenbüro und reversible Büros. (lizenzfreie Bilder – siehe Quellenverzeichnis)

sowohl die Kommunikation im Team als auch die Privatsphäre innerhalb der Teams gewährleistet sind.

Als letztes Konzept sind reversible Büros zu nennen. Dabei handelt es sich eine Variante des Großraumbüros, in dem die Möbel mit Rollen versehen sind, sodass der Kontext von Großraum über Teambereich bis hin zum Einzelbüro (Stellwände) verändert werden kann. Der Vorteil besteht hier in der effizienten Auslastung der Bürofläche und der Vielzahl an Möglichkeiten sowohl für ruhiges als auch für kreatives Arbeiten. Abb. 4.11 zeigt Beispiele für die alle drei genannten Bürokonzepte.

Schreibtische und Meetingräume
Im Folgenden werden Möbelkonzepte näher vorgestellt, die innerhalb der vorgestellten Bürokonzepte umgesetzt werden können. Desk Sharing ist wohl das bekannteste Möbelkonzept: Anstatt jeden Tag am gleichen Schreibtisch zu sitzen, teilen sich die Mitarbeitenden mit anderen einen Schreibtisch. Dies führt zu mehr Flexibilität und Abwechslung im Alltag. Bei Hot Desks wird dieses Konzept durch ein Buchungssystem erweitert. Die Mitarbeitenden wählen einen Schreibtisch aus und sitzen dort den ganzen Tag. Sollen ganze Bereiche z. B. für ein Team gemietet werden, nennt sich dies Zoning.

Think Tanks sind geschlossene Räume, die für Telefonate, Meetings oder vertrauliche Gespräche unter Mitarbeitenden konzipiert sind, z. B. in Form von Telefonkabinen, Meetinginseln und klassischen Meetingräumen.

Touchdown-Arbeitsplätze sind in der Regel multifunktionale Stehtische ähnlich wie in Cafés. Sie dienen zum Ankommen oder für kurze Arbeiten, z. B. das Verfassen einer E-Mail. Durch Plätze dieser Art wird auch der Austausch zwischen den Mitarbeitenden gefördert. Abb. 4.12 zeigt Beispiele für drei zuletzt genannten Konzepte.

Desk Sharing / Hot Desk   Think Tank   Touch Down Desk

Abb. 4.12 Desk Sharing, Think Tank und Touchdown Desk. (lizenzfreie Bilder – siehe Quellenverzeichnis)

Als Lounges werden freistehende Tisch- und Sofalandschaften bezeichnet. Sie ermöglichen die Kommunikation im Team oder mit anderen Mitarbeitenden zur Vernetzung. Coffee-Corner dienen ebenfalls diesem Ziel, sind ergänzend aber noch mit Kaffee-, Tee- und Getränkeautomaten ausgestattet.

Meetingräume sollten mit speziellen Kameras und Mikrofonen ausgestattet sein, sodass Teilnehmer*innen, die per Video aus dem Homeoffice zugeschaltet sind, den gesamten Raum wahrnehmen und die Teilnehmer*innen vor Ort über Bildschirme die virtuellen Teilnehmer*innen sehen und hören können. In Abb. 4.13 sind Beispiele für diese drei genannten Konzepte zu sehen.

Lounge   Coffeecorner   Videoconference Room

Abb. 4.13 Lounge, Coffee-Corner und Videoconference-Room. (lizenzfreie Bilder – siehe Quellenverzeichnis)

4.2.4 Zwischenfazit

Die hybride Arbeitswelt erfordert neue Bürokonzepte, die den flexiblen Wechsel zwischen Home und Office ermöglichen. Generell gilt, dass nicht nur die Arbeit, sondern auch das Büro an die Tätigkeiten der Mitarbeitenden angepasst werden muss. Ziel ist, dass das Büro zu einem Ort des Austausches und der Kreativität wird. Hierzu empfiehlt es sich, ausgewiesene Bereiche für verschiedene Arbeitstätigkeiten wie ruhige, Team- und kreative Arbeit einzurichten. Dieses Konzept wird Activity-Based Working genannt und wurde schon vor der Pandemie von zahlreichen Unternehmen erprobt.

Die Umsetzung dieser Konzepte birgt jedoch auch Risiken, die mit der erhöhten Lautstärke, Unsicherheit/Aufwand bei der Tischsuche sowie dem Risiko von Fehlinvestitionen verbunden sind. Es empfiehlt sich daher, neue Bürokonzepte wie Zell,- Großraum- und reversible Büros zunächst zu erproben. Diese sind mit modernen Möbeln auszustatten, damit Desk-Sharing, Hot Desks, Think Tanks, Touchdown-Arbeitsplätze und videokonferenzfähige Meetingräume zur Verfügung stehen.

Diese Vorgaben sind an das eigene Unternehmen anzupassen, wobei aus dem breiten Spektrum an neuen Arbeitskonzepten die für das eigene Unternehmen geeigneten ausgewählt werden müssen. Dabei lohnt es sich, eng mit den Mitarbeitenden zusammenzuarbeiten und deren Sorgen, Wünsche und Perspektiven aufzunehmen, um das perfekte Bürokonzept für den Einstieg in die hybride Arbeitswelt zu finden.

4.3 Führung im hybriden Office

In diesem Unterkapitel soll speziell auf den Einfluss der hybriden Arbeitswelt auf Führungskräfte eingegangen werden. Für mich ist Führung zu definieren als die Sicherstellung von zielgerichteter Leistungserbringung und der Motivation von Mitarbeitenden. In zahlreichen Ratgebern sowie meinen anderen *essentials* finden Sie bereits umfangreiche Tipps zum Thema Führung, weshalb ich mich hier auf Hinweise zur Führung in der hybriden Arbeitswelt beschränken möchte.

Mit Authentizität und Sprache punkten!
Aktuell sorgen viele junge Top Manager*innen für Schlagzeilen – das Manager Magazin titelte schon 2019 „Management mit Charisma, Chuzpe [Dreistigkeit] und Cleverness". Grundsätzlich scheint der Charakter der betreffenden Top-Manager*innen ein wesentlicher Faktor in Bezug auf die öffentliche Wahrnehmung

dessen Erfolgs zu sein. Authentisches Management wird als Mindset, Verhaltensweise oder persönliche Einstellung beschrieben. Arbeiten Sie daher am eigenen Charakter und bleiben Sie sich treu!

Ein zweiter entscheidender Punkt ist die Sprache. Diese entscheidet, wer und wie wir sind – besonders in der digitalen Welt sind geschriebener Text und Sprache in Videokonferenzen unsere Stilmittel für die Kommunikation. Arbeiten Sie auch an einer passenden und authentischen Sprache und in Wort/Sprache (E-Mails, Chatnachrichten etc.)!

Digital first – Tooling nutzen!

Die Nutzung von Technologie zur Teamsteuerung schafft mehr Transparenz und flache Hierarchien. Als Teamleiter*in fühlt es sich im ersten Schritt wie eine Degradierung an: vom/von der Teamleiter*in zum/zur Verwalter*in/Nutzer*in eines Tools. Dabei ist das Gegenteil der Fall. Gerade durch diese zentrale Stelle für Informationen wird die Teamsteuerung deutlich besser und effizienter. Sie müssen nur lernen, ein Team nicht mehr über ‚Walking around' sondern mithilfe von Softwaretools zu steuern. Sehen Sie das Tool als Ihr Werkzeug zur Führung.

Meine Empfehlung: Fügen Sie bei jedem Meeting ein Dokument oder einen Task im Aufgabenverwaltungstool hinzu. Sprechen Sie nur bei 1:1-Meetings mit dem Mitarbeitenden direkt und bei Arbeitsbezug immer über ein Dokument oder eine Aufgabe und dokumentieren Sie die Ergebnisse des Meetings im Tool.

Eine hybride Führungskraft bietet den Mitarbeitenden eine Bühne zur Entfaltung!

Es geht nicht nur darum, das Maximum aus den Mitarbeitenden herauszuholen, sondern auch darum, sich um diese zu kümmern. Nehmen Sie die Probleme und Wünsche von Mitarbeitenden ernst und halten Sie sich selbst zurück. Führungskräfte neigen dazu, das eigene Ego zu überschätzen und sich zu profilieren. Meine persönliche Metapher ist: Bieten Sie Ihren Mitarbeitenden eine Bühne, auf der sie ‚abrocken' können und stehen Sie wie ein*e Tourmanager*in an der Seite der Bühne.

Sorgen Sie dafür, dass die richtigen Tools zur Verfügung stehen und funktionierende sowie ressourcenarme Workflows definiert sind, die die Arbeit erleichtern. Digitalisieren Sie Prozesse und stellen Sie Anleitungen und digitale Schulungen bereit. Sehen Sie dies als Ihre Aufgabe als Führungskraft und achten Sie darauf, dass alle Mitarbeitenden die vorhandene Technologie zielführend nutzen können (Abb. 4.14).

https://agile-unternehmen.de

Abb. 4.14 Geben Sie dem Team eine Bühne zur freien Entfaltung

Selbstorganisation geht nicht ohne Führung!
Gärtner*innen wissen, dass sie selbst keine Pflanzen hervorbringen können. Sie können nur eine Umgebung/Rahmenbedingungen schaffen und aufrechterhalten, in der die Pflanzen gut wachsen. Konkret bedeutet das: Wie ein*e Gärtner*in möchte ich als Manager*in den Mitarbeitenden ein gutes Umfeld bieten. Kümmern Sie sich darum, klare Prozesse und Rahmenbedingungen bereitzustellen und den Mitarbeitenden zu helfen, in die Selbstorganisation hineinzuwachsen! Gerade angesichts der Komplexität gilt es, mit Zielen und Vertrauen zu führen: Micro-Management funktioniert nicht (Abb. 4.15)!

Nutzen Sie moderne Führungskonzepte!
Der Druck auf Führungskräfte steigt, was sich an den überquellenden Terminkalendern von Manager*innen zeigt, die von einem Meeting zum nächsten hetzen. Ein spontanes Meeting? Keine Chance – außer Sie buchen Monate im Voraus! Vor allem in komplexen hybriden Arbeitsumfeldern kann es sinnvoll sein, sich mit neuen Führungskonzepten wie der Aufteilung nach Product Owner*in (fachliche

Abb. 4.15 Ein Manager*in ist wie ein Gärtner*in

Führung) und People Manager*in (Disziplinarische Führung) auseinanderzusetzen. So können Führungskräfte einzelne Stärken besser ausspielen (Abb. 4.16).

4.4   Fazit

In diesem Kapitel wurden Empfehlungen für die Ausgestaltung der hybriden Arbeitswelt erläutert. Im ersten Teil wurden Hilfestellungen und Empfehlungen zu Softwaretools behandelt, wobei als wesentliche Softwaretools folgende festzuhalten sind:

- Aufgabenverwaltung
- Content-Collaboration
- Meeting-Solutions
- E-Mail, Chat und Kalender

Abb. 4.16 Agile Führungskonzepte können helfen die Produktivität zu erhöhen

Da auch die Arbeit im Büro flexibel zu gestalten ist, wurden im zweiten Teil Konzepte für die Ausgestaltung von Büroflächen gezeigt. Neben Großraumbüros wurden moderne Konzepte wie Hot-Desks, Touchdown-Plätze und Think Tanks vorgestellt. Die jeweilige Ausstattung sollte auf die aktuellen Tätigkeiten der Mitarbeitenden angepasst sein. Dieses Prinzip ist bekannt unter dem Begriff Activity-Based Working.

Das Ziel ist, eine Balance zwischen Home und Office zu schaffen. Hierzu sollten sich vor allem neue Teams oft im Büro treffen und auch Projektkickoffs sowie wichtige Meetings und Personalgespräche sollten im Büro abgehalten werden. Ruhige und konzentrierte Arbeit sollte eher im Homeoffice erledigt werden.

Es gilt nun für Sie als Unternehmen, aus den zahlreichen Empfehlungen das passende hybride Arbeitsmodell sowohl für Home als auch für Office zu kreieren. Dazu empfiehlt es sich, Gespräche mit Mitarbeitenden, Expert*innen und erfahrenen Manager*innen aus anderen Unternehmen zu führen, die über Erfahrungen mit solchen Konzepten verfügen.

Zusammenfassung und Empfehlungen für die Praxis   5

Arbeit gibt es schon lange in unserer Gesellschaft, wobei sich ihre Bedeutung immer wieder verändert hat. So wurde in Kap. 1 gezeigt, dass Arbeit zunächst mit Mühsal und Plage verbunden war, während sie heute ein wesentlicher Aspekt unserer Selbstverwirklichung ist. Bedingt durch den Einsatz agiler Methoden wurden neue Bürokonzepte entworfen und durch neue Technologien erste virtuelle Teams etabliert. Mit der Covid-19-Pandemie im Jahr 2020 sah sich die Mehrheit der deutschen Wissensarbeiter*innen ins Homeoffice getrieben und alle waren gezwungenermaßen remote – ob sie wollten oder nicht. Mittlerweile gibt es durch einen Impfstoff und ausreichende Testmaßnahmen die Möglichkeit, ab 2022 wieder im Büro zu arbeiten. Doch die Arbeit ist nicht mehr die gleiche wie noch vor dem Lockdown 2020.

In Kap. 2 wird die Ausgestaltung der hybriden Arbeitswelt konkret anhand von wissenschaftlichen Studien beleuchtet. Dabei zeigt sich, dass Fachkräfte es bevorzugen würden, zwei bis drei Tage pro Woche im Büro und zwei bis drei Tage im Homeoffice zu arbeiten. Hochkonzentrierte Arbeit würde eher von Zuhause aus erfolgen, kreative Arbeit sowie die notwendige Abstimmung im Büro. Büros werden damit zu Orten der Zusammenarbeit, der Kreativität und der spontanen Zusammenkünfte, wodurch Innovationen und Ideen gefördert werden.

In Kap. 3 wird der Weg zur hybriden Arbeitswelt betrachtet. Die hybride Arbeitswelt entsteht nicht von allein, sondern erfordert einen strukturierten Veränderungsprozess im Unternehmen. Zuerst wurde gezeigt, dass viele Veränderungen hin zur hybriden Arbeitswelt mit Schwierigkeiten verbunden waren: Vorurteile gegen das Homeoffice („Da macht man ja nichts") oder fehlende technische Ausstattung („Das ist doch zu teuer") waren häufige Probleme in deutschen Unternehmen. Mittlerweile zeigen sich deutsche Manager*innen offener gegenüber diesen Veränderungen, was im Wesentlichen durch die Covid-19-Pandemie bedingt ist. Zwei grundlegende Modelle für Change-Management wurden vorgestellt, anhand derer sich die notwendigen Veränderungen umsetzen lassen. Darüber hinaus wurden Blaupausen für die Etablierung eines internen Projektmanagements gezeigt, um die hybride Arbeitswelt auch organisatorisch sinnvoll aufzubauen.

Abschließend wurde in Kap. 4 die Ausgestaltung der hybriden Arbeitswelt konkret dargestellt. Zuerst wurde die virtuelle Arbeit thematisiert: Inhalte waren Softwaretools und deren konstruktiver Einsatz bei agilen und klassischen Methoden. Dabei handelt es sich u. a. um Tools zur:

- Aufgabenverwaltung
- Content-Collaboration
- Meeting-Solutions
- E-Mail, Chat und Kalender.

Weiterhin wurden Konzepte zur Ausgestaltung des Büros untersucht. Ein Schlagwort ist das Activity-Based Working, das sich auf moderne Büro- und Gebäudekomplexe bezieht. Damit sollen Leistungsfähigkeit und Kreativität gefördert werden. Inhalt des Kapitels sind verschiedene Bereiche im Unternehmen, die für unterschiedliche Arten von Arbeit geeignet sind, z. B. ruhige Bereiche, Teambereiche, kreative Bereiche und vieles mehr. Dabei gilt es, für die Mitarbeitenden eine Balance zwischen Home und Office zu finden. Es gilt generell die Faustregel: Neue Teams und neue Projekte profitieren von persönlichen Kontakt und Kickoffs sowie wichtige Projektmeetings sollten im Büro durchgeführt werden wogegen ruhige und konzentrierte Arbeit eher aus dem Homeoffice erledigt werden sollte.

▶   **Merkbox** Nur wenn sowohl die technische Ausstattung als auch die Ausstattung des Büros einheitlich auf einem modernen Stand sind, kann der Kulturwandel zur hybriden Arbeitswelt erfolgsversprechend sein!

Zum Abschluss des *essentials* möchte ich die Empfehlungen zur Schaffung der hybriden Arbeitswelt noch einmal als kompakte Liste zusammenfassen. Diese Ratschläge können im ersten Kickoff-Meeting zur hybriden Arbeitswelt als Guideline verwendet werden und die Agenda bilden. Berufen Sie dazu ein Projektteam und lassen Sie dieses gemeinsam mit der Geschäftsleitung das erste Konzept erstellen. Weiterhin können die Empfehlungen als Leitfragen formuliert und damit Grundlage für weiterführende Forschungsarbeiten darstellen.

- **Allgemeine Empfehlungen**
  - Die Umsetzung der hybriden Arbeitswelt bedingt einen strukturieren Change-Prozess. Es empfiehlt sich, Wissen zum Change-Management aufzubauen und eine Strategie festzulegen.
  - Die Umsetzung der notwendigen Projekte ist sehr komplex und erfordert viele Schritte, z. B. die Einführung von Tools, der Umbau von Büroflächen sowie die Sicherstellung des Datenschutzes und vieles mehr. Hierzu ist es notwendig, ein strukturiertes internes Projektmanagement aufzusetzen.
  - Halten Sie im Projektverlauf den Fortschritt der technischen Ausstattung gleichauf mit dem der Büros. Nur wenn in beiden Welten ein gutes Arbeiten möglich ist, kann die hybride Arbeitswelt gelingen.
- **Empfehlungen zur virtuellen Arbeit**
  - Legen Sie präferierte Tools für Aufgabenverwaltung, Content-Collaboration, Meeting-Solutions, E-Mail, Chat und Kalender fest.
  - Verknüpfen Sie diese Tools sinnvoll miteinander und schaffen Sie toolübergreifende Funktionen wie automatisches Erstellen einer Videokonferenz bei einer Termineinladung.
  - Legen Sie ein hybrides Vorgehen zwischen agilen und klassischen Arbeitsweisen fest.
- **Empfehlungen für die Büroarbeit**
  - Das Büro wandelt sich zu einem Ort der Kommunikation und der Vernetzung anstelle der Routinearbeit. Dazu werden situationsorientierte Räumlichkeiten benötigt, die sowohl den kreativen Austausch oder die Projektarbeit fördern als auch Rückzugsmöglichkeiten bieten.
  - Schaffen Sie Zonen für hochkonzentrierte Arbeit, ruhige Arbeit, kreative Arbeit, Team-/Projektarbeit.
  - Beziehen Sie neue Konzepte wie Zoning, Hot-Desks, Touchdown-Arbeitsplätze, Think Tanks und vieles mehr in die Planung mit ein.

Ich hoffe, dass Ihnen das *essential* zahlreiche Eindrücke und Impulse vermittelt und vor allem Spaß beim Lesen bereitet hat. Es enthält neben meiner Praxiserfahrung auch einschlägige Erkenntnisse aus der Wissenschaft. Ich konnte in den letzten Jahren bereits in modernen Bürokomplexen arbeiten und diese sogar aktiv mitgestalten. Auch die virtuelle Arbeit in Form von Homeoffice habe ich seit 2015 erproben dürfen und dadurch parallel zu meinen Karrierevorstellungen viel von der Welt sehen können. Ich möchte beide Arbeitsformen nicht missen und hoffe, dass wir gemeinsam mit Unternehmer*innen, Expert*innen, Fach- und Führungskräften den Schritt in die hybride Arbeitswelt gehen können!

Was Sie aus diesem *essential* mitnehmen können

- Die hybride Arbeitswelt resultiert aus der Optimierung von Büroflächen für agile Methoden und der Zunahme der Remote-Arbeitsplätze während der Covid-19- Pandemie.
- Wissenschaftliche Studien zeigen, dass zwei bis drei Tage Homeoffice und zwei bis drei Tage Büroarbeit von Fachkräften präferiert werden. Die hybride Arbeitswelt ist damit eine Mischung aus Home und Office.
- Die hybride Arbeitswelt entsteht nicht von allein. Vielmehr sind ein konstruktives Change-Management sowie eine interne Projektorganisation auf Basis agiler Ansätze notwendig.
- Der Anteil der virtuellen Arbeit in der hybriden Arbeitswelt kann nur mithilfe ausreichender Software sinnvoll durchgeführt werden. Gemeint ist Software zur Aufgabenverwaltung, für Content-Collaboration, Meeting-Solutions, E-Mail, Chat und Kalender.
- Der Anteil der Arbeit im Büro in der hybriden Arbeitswelt kann nur mit einer modernen Büroausstattung sinnvoll ausgestaltet werden. Schwerpunkte sind verschiedene Bereiche im Unternehmen, die verschiedene Arten von Arbeit fördern, z. B. ruhige Bereiche, Teambereiche, kreative Bereiche und vieles mehr.

Abbildungsnachweise Abschn. 4.2.4

Freie Lizenz zur kommerziellen Nutzung 25.01.2022
https://unsplash.com/license

- Abb. 4.11:
  - https://unsplash.com/photos/U2BI3GMnSSE,
  - https://unsplash.com/photos/yWwob8kwOCk,
  - https://unsplash.com/photos/wawEfYdpkag
- Abb. 4.12:
  - https://unsplash.com/photos/dZxQn4VEv2M,
  - https://unsplash.com/photos/8kdA2IJsjcU,
  - https://unsplash.com/photos/VWcPlbHglYc
- Abb. 4.13:
  - https://unsplash.com/photos/FV3GConVSss,
  - https://unsplash.com/photos/5U_28ojjgms,
  - https://unsplash.com/photos/lqPLmYD_MO8

Quellen

Bundesverband digitale Wirtschaft (2020). *Deutschland geht ins Homeoffice.* https://de. statista.com/infografik/21121/umfrage-zum-arbeiten-im-home-office-wegen-des-corona virus/.

Deloitte. (2020). Future of workplace. https://www2.deloitte.com/de/de/pages/real-estate/art icles/future-of-workplace.html.

Dirbach, J., Flückiger, M., & Lentz, S. (2011). *Software entwickeln mit Verstand.* Dpunkt Verlag.

Duden. (2021). Arbeit. https://www.duden.de/suchen/dudenonline/geschäftsmodell. Gesehen 11.10.2021.

Entrust. (2021). *Securing the new hybrid workplace.* https://www.entrust.com/lp/en/securing-the-new-hybrid-workplace.

FAU Erlangen-Nürnberg (2021). Ende der Pandemie – Back to Office? von Sven Laumer. https://vimeo.com/574380552?fbclid=IwAR2TM_R0ZCelxXE62r5wE2aPdfXjjjV tocoNmMCKN875diQy-XEjcv3MDIw.

Fraunhofer. (2021). Experiment Homeoffice: Was lernen wir aus der Krise für das Büro der Zukunft? https://office21.de/blog/allgemein/experiment-homeoffice-was-lernen-wir-aus-der-krise-fuer-das-buero-der-zukunft.

Gabler. (2021). Definition Arbeit. http://wirtschaftslexikon.gabler.de/Definition/arbeit.html. Gesehen 11.10.2021.

Hans Böckler Stiftung. (2021). STUDIEN ZU HOMEOFFICE UND MOBILER ARBEIT https://www.boeckler.de/de/auf-einen-blick-17945-Auf-einen-Blick-Studien-zu-Homeof fice-und-mobiler-Arbeit-28040.htm. Gesehen 11.10.2021.

IDC. (2020). SAAS Ausgaben von Unternehmen während der COVID-19 Pandemie. https:// www.idc.com/de/research/studies. gesehen 11.10.2021.

IDC. (2021). *Work transformation in deutschland 2021.* https://idc-cio.de/work-transform ation-knapp-80-prozent-der-deutschen-unternehmen-planen-ein-neues-arbeitsplatzmod ell/.

IHK. (2020). Ergebnisse der Umfrage „Home Office – neue Normalität oder zurück zur Präsenzkultur? https://www.ihk-berlin.de/blueprint/servlet/resource/blob/4877186/26b 473e9cedf7a4dad09bebb02731f03/umfrageergebnisse-home-office-08-2020-data.pdf.

Fraunhofer Institut (2018). Wissensarbeiter. https://wiki.iao.fraunhofer.de/index.php/Wissen sarbeiter. Gesehen 12.10.2017.

Komus, A. (2020). Ergebnisbericht: Status Quo Scaled Agile 2019/2020. https://www.pro cess-and-project.net/studien/studienunterseiten/status-quo-scaled-agile-2020/. Zugegriffen: 20. Mai. 2020.

Lindner, D. (2020). *Virtuelle Teams und Homeoffice - Empfehlungen zu Technologien, Arbeitsmethoden und Führung.* Springer Gabler.

Lindner, D., & Greff, T. (2018). Führung im Zeitalter der Digitalisierung – was sagen Führungskräfte. *HMD – Praxis Der Wirtschaftsinformatik, 7*(1), 20.

Lindner, D., Ott, M., & Leyh, C. (2017). Der digitale Arbeitsplatz – KMU zwischen Tradition und Wandel. *HMD Praxis Der Wirtschaftsinformatik, 54*(6), 900–916. https://doi.org/10.1365/s40702-017-0370-x.

Lindner, D., & Niebler, P. (2018). *Studie zu Homeoffice.* https://agile-unternehmen.de/arbeit-im-homeoffice-studie/.

Lindner, D., Ludwig, T., & Amberg, M. (2018). Arbeit 4.0 – Konzepte für eine neue Arbeitsgestaltung in KMU. *HMD – Praxis der Wirtschaftsinformatik, 6*(1), 17.

Lindner, D. (2019a). *KMU im digitalen Wandel: Ergebnisse empirischer Studien.* Springer Gabler.

Lindner, D. (2019a). *Agile Transformation – Tipps zum Wandel nach Roger und Streich.* https://agile-unternehmen.de/agile-transformation-tipps/.

Lindner, D. (2019b). *Agile Transformation – Tipps zum Wandel nach Kotter und Levin.* https://agile-unternehmen.de/agile-transformation-nach-kotter/.

Manager Magazin (2019). Magie des Motivators. https://www.manager-magazin.de/premium/juergen-klopp-fc-liverpool-managementskills-von-koenig-fussball-lernen-a-000 00000-0002-0001-0000-000163470763. Gesehen 10.09.2020.

Maslow, A. (1943). A theory of human motivation. *Psychological Review.*

McKinsey (2020). Diversity wins. https://www.mckinsey.com/featured-insights/diversity-and-inclusion/diversity-wins-how-inclusion-matters. Gesehen 25.10.2021.

Microsoft. (2021). 2021 Work trend index. https://ms-worklab.azureedge.net/files/reports/hybridWork/pdf/2021_Microsoft_WTI_Report_March.pdf.

Räcke, S. (2020). *Teamzusammensetzung als Determinante von Teamerfolg.* Springer Gabler.

Rogers, E. (1995). *Diffussion of innovations.* Free Press.

Statista. (2021). *Marktanteile VIdeokonferenzsoftware.* https://de.statista.com/statistik/daten/studie/1228015/umfrage/marktanteile-der-fuehrenden-unternehmen-fuer-video-und-aud iokonferenzsysteme/. Gesehen 13.10.2021.

Streich, R. K. (2016). *Fit for leadership.* Springer Gabler Verlag.

Swan, J. E., Tarwick, I. F., Rink, D. R., & Roberts, J. J. (1988). Measuring dimensions of purchaser trust of industrial salespeople. *Journal of Personal Selling & Sales Management, 8,* 1–9.

Taylor, F. (1913). *Principles of scientific management.* Harper.

Wiendieck, G. (1992). Teamarbeit. In E. Frese (Hrsg.), *Handwörterbuch der Organisation* (3. Aufl., S. 2375–2382). Poeschel.

Printed in the United States
by Baker & Taylor Publisher Services